武蔵野 花名所

Musashino
Hana Meisyo

山下喜一郎
&山喜会

目次

7〜8月

9〜12月

本書をご利用の方へ

本書では、東京都、埼玉県、神奈川県、千葉県の142か所の花の名所を開花時期ごとに紹介しています。花そのものの紹介はもちろんですが、その名所の由来、交通手段、近くの見所やおいしい食事のできるお店なども紹介しています。武蔵野に咲く代表的な花々をめでる「四季の花めぐり」にご活用ください。

●写真の説明文に記入した月日は写真を撮影した月日を示します。同じく説明文中の氏名は撮影者を示し、氏名のないものはすべて山下喜一郎が撮影した写真です。

●開花期間表（欄外下）……　1 2 3 4 5 6 7 8 9 10 11 12

開花期間を示す色　数字は月を表す　開花期間外を示す色

色のついた部分は、その花の咲いている期間（上の例では1月下旬から3月半ばまで）を示しています。ただし、その年により1週間程度のずれがありますので、ご承知おきください。

●データ欄の見方

住……… 住所を示します。丁目・番地は省略しました。

（※さいたま市は2003年4月から設置の「区」を表記しました）

交……… 交通手段を示し、その名所へのアクセス方法を紹介しています。

時……… その名所の開園・開館時間を示します。

料……… その名所の入園・入館料金を示します。

休……… 休園日・休館日を示します。

☎……… 開花情報等の照会先の電話番号を示します。照会先が記載してない場合は、その名所に直接つながります。なお、電話番号の記載のない名所はとくに照会先がないか、都合により電話番号が掲載できない所です。

花暦…… その名所で鑑賞できる他の花を示しています。

※なお、各名所の開園・開館時間、休園日・休館日、および各種料金等は2002年11月現在のものです。取材後の変更もありえますので、お出かけの前に電話等で確認されることをおすすめいたします。

1~2月

ネコヤナギ／青梅市花木園近く厚沢通り。宿谷敏勝　3月1日

ボタンは牡丹と書くように赤色の花に人気があるが、淡い白色の花にも捨てがたい魅力がある　1月8日

フユボタン

上野東照宮ぼたん苑

淡い冬の陽射しをいっぱいに受けて咲くボタンは気品に満ちあふれ、さすがは百花の王といわれるだけのことはある。

交通便利な上野のことだから、JRをはじめ地下鉄、バスなどなにを利用してもいいが、JR上野駅公園口から行くのがいちばんわかりやすい。

諸国の大名が競って寄進した燈籠が並ぶ参道からぼたん苑の中に入ると、ゆったりした間隔でボタンが咲いている。場所によっては五重塔が背景になり、まるで江戸時代にタイムスリップした気分になる。

ほのかな香りがただよってくるのはロウバイとスイセン。寒中だというのに早咲きのウメも咲いているはずである。

苑内にある茶店で一服、甘酒などで身体を暖めるのもいいだろうし、外に出て不忍池《しのばずのいけ》めがけて散策をつづけるのも楽しい。

冬のぼたん苑は元旦から3月3日まで開苑

住 東京都台東区上野公園
交 JR上野駅公園口下車、徒歩5分
時 9時30分～16時30分
料 600円
☎ 03・3822・3575
花暦 スイセン・ロウバイ・ウメ

日頃の手入れのせいか、花のつきが見事なロウバイ　1月14日

ロウバイ

青梅市地蔵院

花の乏しい早春に、まず姿を見せてくれるのがロウバイ。春の香りを一緒に届けてくれるのがうれしい。

青梅駅前からバスで15分ほど、畑中公会堂でおりたら駅方向へ戻り、最初の信号を左折する。だらだら坂を下った所が地蔵院で、ロウバイは本堂と庫裏の間にある。花は年末には咲き始め、1月10日頃が盛りとなる。

ロウバイは漢字で書くと蝋梅。別の名を唐梅ともいうが、ウメの仲間ではなくロウバイ科に属している。江戸時代には早くも栽培が始まり、独特な香りを珍重したらしい。

地蔵院はコウバイとハクバイが咲く寺として知られており、時期をずらせば同時に花を楽しむことができる。

地蔵院は清水が湧き出ているから、ペットボトルを用意していくと、おいしい自然水を汲んで帰ることができる。

艶やかな蝋質の花被片に覆われたロウバイの花

住 東京都青梅市畑中2
交 JR青梅線青梅駅下車バス15分畑中公会堂から徒歩8分。駐車場あり
☎ 青梅市観光協会 0428・24・2481
花暦 スイセン・ウメ・サクラ・ツバキ・ツツジ・ハクレン

ロウバイの香りただよう宝登山から遠くに両神山を望む　2月15日

ロウバイ

長瀞町宝《ほ》登《ど》山《さん》

秩父を代表する観光地の長瀞岩畳に近く、ロープウェイで上がった山頂の山岳展望には定評がある。

中国原産のロウバイは、別の名を唐梅《からうめ》といい、いずれも梅の字をあてているがウメの仲間ではなくロウバイ科ロウバイ属に所属している。

早咲きのロウバイは年末には花をつけ、正月花として江戸時代には栽培が始まったといわれている。

宝登山へ行くには秩父鉄道の長瀞駅で下車する。みやげ店が並ぶ賑やかな駅前を山に向かい、国道140号線を越えると石の大鳥居があり、20分ほどでロープウェイ駅に着く。

蝋梅《ろうばい》園にはソウシロウバイ、アメリカロウバイなど1000本のロウバイがあり、遊歩道にそって花を観賞することになる。花の盛りは2月中旬、この季節ならフクジュソウやウメも咲いている。

紅白のウメが咲き競う宝登山の梅林

住 埼玉県長瀞町・皆野町
交 秩父鉄道長瀞駅から徒歩20分、ロープウェイ5分
☎ 宝登山ロープウェイ 0494・66・0258
花暦 ウメ・フクジュソウ・ツツジ・シャクナゲ

促成栽培もできるので正月用の「飾り寄せ植え」は古くからおこなわれていた。宿谷敏勝　3月15日

フクジュソウ

飯能市竹寺山麓

　太陽に向かって早春に咲くフクジュソウは、晴れた朝に開き夕方には花を閉じてしまう、温度に敏感な花。陽が陰っただけですぐに花を閉じてしまうのは、オオイヌノフグリやチューリップなどにも見られ、春に咲く花はとてもデリケートな性質を持っている。

　黄金色をした花の内側は、外気温に比べて暖かく、虫たちは日光浴をしながら花粉を食べに寄ってくる。

　竹寺山麓のフクジュソウは、竹寺からの帰りがけに偶然、見つけた。写真を見てもおわかりのように、これほどの群落は今まで見たことがない。

　フクジュソウは、夏になると地下茎と根が休眠してしまう多年草だが、株そのものが大きく育たないと花の数が増えてこない。ここまで育つには、花をいつくしむ大野家の手入れがあったはずである。

　あまりの見事さにひと声かけて写真を撮らせてもらったが、ここは個人の庭なので、拝見するときは失礼のないよう心がけてほしい。

　大野宅は、中藤青石橋と中沢のほぼ中間。中沢に向かって左側、道路に面しているのですぐにわかるはずである。

住 埼玉県飯能市南
交 西武池袋線飯能駅下車。北口から中沢または中藤青石橋行きバス30分中藤青石橋から徒歩15分
☎ 大野義太郎宅　0429·77·0064
※個人宅なので照会はくれぐれも失礼のないように
花暦 ウメ・サクラ・シャガ・アジサイ・ヤマユリ

1 2 3 4 5 6 7 8 9 10 11 12

節分の頃に花をつけるからセツブンソウというが、本当の花期はもう少し遅い　2月15日

セツブンソウ

荒川村町田家

清雲《せいうん》寺や長泉院のシダレザクラ、SLとソバの花、そしてイチゴ、ブドウなどの果樹園と見どころいっぱいの荒川村にセツブンソウを訪ねる。

　はじめてセツブンソウの花を見たときは、目の前の花がわからなかった。セツブンソウはそれほど小さく、しかも地味な花である。

　白っぽい五弁の花と思えるセツブンソウだが、花弁に見えるのは萼《がく》で、花弁は退化して目立たず、中央の蜜腺となっている。

　町田家へ行くには、武州中川駅の白久《しろく》側の踏切を渡って直進、指導標のある十字路を右折すると間もなく町田家が道路左側に見えてくる。セツブンソウの群落は家の裏側、ウメの古木周辺にあるが、個人の家なので必ずひと声かけること、それに小さな花なので、踏みつけないことを忘れないでほしい。

地味な花なので近づいて見ることが大切

住 埼玉県荒川村上田野
交 秩父鉄道武州中川駅から徒歩8分。駐車場あり
☎ 荒川村産業観光課 0494・54・2114
花暦 フクジュソウ・サクラ・キキョウ・ソバ

1 2 3 4 5 6 7 8 9 10 11 12

花期が進み花穂が反りかえるようになると黄色い花粉をまとった花序がよく見えるようになる　2月27日

ネコヤナギ

練馬区石神井《しゃくじい》公園

井の頭、善福寺と並んで武蔵野三大湧水池に数えられている三宝寺《さんぽうじ》池は、すぐ下流にある石神井池を含めて、両岸に遊歩道があり、花をめでるには最高の環境を整えている。

　西武池袋線石神井公園駅南口に出たら駅前商店街を歩き、最初の信号を右折すると坂を下ってボート乗り場のある石神井公園入口に着く。

　ネコヤナギの叢生《そうせい》は三宝寺池手前にあり、そこまでは右岸を歩いたほうが気分がいい。

　川原や池のほとりなど、水気を好むネコヤナギは、葉が出る前に銀鼠色をした花穂を上に向けて出す。キャップのような芽鱗をつけた姿は鳥のサギをシルエットにしたようで、機会あるごとに観察をつづけるとおもしろい。

　春の石神井公園は花の賑やかな公園。サクラよし、モクレンよしで禅定院、三宝寺と結びつけて散策するといい。

ヤナギの新緑とサクラの奏でるハーモニー

住 東京都練馬区石神井台他
交 西武池袋線石神井公園駅から徒歩10分
☎ 03・3996・3950
花暦 ウメ・コブシ・サクラ・スイレン

ウメ

世田谷区羽根木公園

世田谷の閑静な住宅街にあるのが羽根木公園。この公園には66種、700本のウメが植栽され、都区内随一の規模を誇っている。

小田急線梅ケ丘駅北口でおりたら、わずか3分で羽根木公園入口に着く。京王井の頭線東松原駅を利用するのなら徒歩5分、いずれにしても、これほど手近な観梅スポットはほかにあるまい。

66種あるウメのなかで印象に残るのは太宰府天満宮から贈られた「飛梅」。菅原道真が京から九州に左遷されたとき、主人を慕って太宰府まで飛んで来たという伝説のウメだ。

そのほか白と紅の花が同じ枝に咲く「思いますのまま」や花も香りもよく、そのうえ実がしっかりした「花《はな》香《か》実《み》」、それに芝生広場にある「ふじぼたん」は、笠のような樹形をしたシダレウメですこぶる印象的。

羽根木公園のウメは早咲きの「八重寒紅」は年末には花をほころばせ始めるが、花の盛りは2月下旬から3月上旬にかけて。2月に開催される梅まつり期間中はさまざまなイベントもおこなわれて、祭り気分が味わえる。

羽根木公園へウメを見にいくのなら、2月末の晴天日、しかも風の弱い日を選ぶといい。写真を撮ろうと思ったら100㎜程度のマクロレンズを用意するとクローズアップの世界を楽しむことができる。

冬の陽射しをいっぱいに浴びて団らんのひとときを過ごすのも楽しい羽根木公園。金子壮一　2月14日

住 東京都世田谷区代田
交 小田急線梅ケ丘駅から徒歩3分。または京王井の頭線東松原駅から徒歩5分。駐車場あり
☎ 北沢地域公園管理事務所
03・3322・1184
花暦 コブシ・サクラ

百草園は多摩丘陵を代表するウメの名所。3月から4月にかけてはウメのほかにもさまざまな花が咲く　3月10日

ウメ

日野市百草園《もぐさえん》

　江戸の昔から文人墨客《ぶんじんぼっかく》の訪れが多かったウメの名所。静かな雰囲気のなかで花を楽しみたいのなら3月中旬の平日を選びたい。

　京王線百草園駅で下車したら交通量の激しい川崎街道を注意して渡り、百草園正門に着く。ウメの香りただよう石段を上がり、心字の池まで行くと草葺きの松蓮庵《しょうれんあん》をはじめ茶室の三檪庵《さんれき》、松尾芭蕉の句碑や若山牧水の歌碑などが点在して、日本情緒たっぷりな雰囲気にひたることができる。

　百草園は元々江戸時代に創建された松蓮寺の庭園だった経緯《いきさつ》があり、整備が進んだ現在は、斜面にそうように800本のウメが植栽されている。

　百草園へは多摩都市モノレールが開通（高幡不動駅乗り換え）して、アクセスが便利になった。

名物の甘酒が人気の松蓮庵

住 東京都日野市百草
交 京王線百草園駅から徒歩10分
時 9時〜17時（季節変更あり）
料 300円　休 水曜
☎ 042・591・3478
花暦 サンシュユ・コブシ・サクラ・ツツジ・アジサイ・紅葉・ツバキ

ほぼ満開の吉野「梅の公園」。遠くから望むと春霞がかかったように見える　3月8日

ウメ

青梅市吉野梅郷

江戸の昔からウメの栽培でも知られた青梅にあって、象徴的存在の「梅の公園」へ出かけてみよう。

梅の公園へは青梅駅前からバスも利用できるが、ここでは日向和田駅から歩くことをおすすめする。吉川英治記念館から観梅通りを進むと、実の収穫を目的にした梅林がつづき、フクジュソウやミツバツツジなど、ほかの花を同時に楽しむことができる。

訪ねる季節は3月の中旬がベストで、ちょっとしたウォーキングのつもりで出かけるといい。

神代橋で多摩川を渡ると珍しいウメの並木道となり、甘味処の紅梅苑が見えてくる。甘みをおさえた紅梅まんじゅうは評判がよく、おみやげにすると喜ばれるし、喫茶室も備えている。

紅梅庵からは吉野街道を直進、観梅通りを左折すればすぐに梅の公園となる。

愛宕神社のミツバツツジ

住 東京都青梅市梅郷
交 JR青梅線日向和田駅から徒歩15分。または青梅駅前からバス15分吉野梅郷下車、徒歩3分
時 9時～17時（梅まつり期間中）
料 200円
☎ 青梅市観光協会 0428・24・2481
花暦 フクジュソウ・サクラ・ミツバツツジ・シャガ・サザンカ

1 2 3 4 5 6 7 8 9 10 11 12

草葺き屋根の仏殿裏に位置する中門前には枝ぶりのいいウメの古木があり写真になる　2月21日

ウメ

新座市平林寺

武蔵野を代表する古刹といったらまず選出されるのが平林寺。広大な境内林はほとんど自然のままの雑木林で、武蔵野の面影を色濃く残している。

平林寺へ行くにはいろいろなルートがあるが、急行停車駅のひばりケ丘を経由するのがいちばんいい。

総門から一歩、境内に入ると、厳粛な気持ちになるのは平林寺が禅修業の道場だからだろうか。

平林寺はウメのほかにもマンサク・サンシュユ・シダレザクラ・アジサイ・ハギといった花が咲くが、11月末から12月上旬の紅葉が見事で、この季節に訪ねる人が多い。

お目当てのウメは写真で示した中門前がよく、境内林の奥に非公開の梅林があるが見ることはできない。

半僧坊前の広場に咲くサンシュユ　2月21日

住 埼玉県新座市野火止
交 東武東上線志木駅南口下車。バス20分平林寺前から徒歩1分。または西武池袋線ひばりケ丘北口、東久留米駅北口からバスの便がある
時 9時〜16時　料 200円
休 拝観休止期間は不規則なので受付まで問い合わせること
☎ 平林寺受付　048·477·1234

見事に刈りこんだ宝幢寺ウメの老木は、花のつきがすばらしくいい。徳田桂子　3月2日

ウメ

志木市宝幢《ほうとう》寺

　三代将軍家光をはじめ徳川歴代将軍ゆかりの寺として知られているのが宝幢寺。この寺のウメとシダレザクラはとくに有名で、わざわざ出かける価値は十分にある。

　宝幢寺へは東武東上線の志木駅北口から歩いても20分ほど、さっさと歩いてしまいたい距離なのだが、今のところ散歩におすすめのコースが見つからず、バスを利用してもらいたい。

　ケヤキとイチョウの大木に囲まれた宝幢寺は、青空がよく似合う明るい雰囲気のお寺。お目当てのウメは庫裏《くり》の前にある。「ウメは切ってもサクラは切るべからず」というのは盆栽の常識で、剪定《せんてい》の技がさえればさえるほどウメは花のつきがよくなる。

　さてもう一方の、シダレザクラだが、花期は一般のサクラより早く春のお彼岸が一応の目安になる。この季節なら志木の市役所をめざすと親水公園があり、サクラ並木やカラシナの群落に出合える。

本堂手前のシダレザクラ　3月17日
井上敬三

住 埼玉県志木市柏町
交 東武東上線志木駅北口からバス5分富士道入口下車、徒歩3分
☎ 志木市役所産業振興課　048・473・1111
花暦 シダレウメ・スイレン・ハナショウブ・ハギ

1　2　3　4　5　6　7　8　9　10　11　12

最初に咲くのは白梅。ベニシダレウメは2週間ほどおくれ、ようやく満開となる　3月16日

シダレウメ

所沢市全徳寺

全徳寺は都民の水がめとして知られる狭山湖に近く、北野天神と結んで早春の散策をするのにうってつけ。

全徳寺は山号を梅林山と号するほどウメに縁のある寺。山門付近は規模はあまり大きくはないものの梅林になっており、花の蜜を求めてやってくるメジロの姿を見つけるチャンスもある。とはいっても、全徳寺はベニシダレウメが花の本命と考えておきたい。

訪ねる季節を春のお彼岸に絞れば、小手指駅南口が出発点となる「緑といこいの散歩道」をぜひとも歩いてみたい。

このコースは小手指ケ原のヤマコブシ（P19参照）をはじめ白旗塚、北野天神、全徳寺、狭山自然公園など、花と史跡に恵まれた散歩コース。指導標は完備していて迷う心配はまずない。全コースを歩いても軽い半日コースである。

シダレウメで知られる全徳寺は、1月下旬が見頃のロウバイ、6月下旬のアジサイが盛りを迎えるから、季節を変えて訪ねてみるのもよい。

全徳寺山門前に咲くウメ　3月2日

住 埼玉県所沢市北野
交 西武池袋線小手指駅南口からバス10分北野天神前下車。徒歩10分。
駐車場あり
☎ 所沢市商工観光課
042・998・9155
花暦 ロウバイ・フジ・ボダイジュ・アジサイ

二段重ねの笠を連想させる剪定（せんてい）はユニークで作者のセンスがうかがえる。柳沢満義　3月1日

シダレウメ

越生《おごせ》梅林

関東三大梅林のひとつを持つ越生は花の豊かな町。太田《おおた》道灌《どうかん》ゆかりのヤマブキを筆頭にツツジ、アジサイなど見る花にこと欠かない。

梅林へ行くには越生駅前からバスが利用できるが、宿場町の雰囲気が残る町並みを最初から歩いても30分たらず、往復のいずれかは歩いてみるといい。町役場近くには、知る人ぞ知る地酒「来陽」の蔵元や旨いそばを食べさせる「よしひろ」がある。

ウメの開花期間だけ、入園料がいる越生梅林は、広さ2haに約1000本のウメが植えられている。越生のウメは主に果実用で、直売店には梅干や梅ジャム、それにユズ製品など手造りの農産物が並んでおり、ウメ見客にとても評判がいい。

見事に花をつけたシダレウメ。柳沢満義

住 埼玉県越生町堂山
交 東武越生線またはJR八高線越生駅からバス10分梅林入口下車。駐車場あり
時 9時～17時（ウメの開花期間中）
料 200円
☎ 越生町役場経済課 049・292・3121
花暦 カタクリ・セコック・サクラ・ツツジ・エビネ

1 2 3 4 5 6 7 8 9 10 11 12

3月

ヤマコブシ／所沢市小手指ケ原、誓詞橋付近。徳田桂子　3月24日

荒川船下りのハイライト、長瀞岩畳に咲くユキヤナギ。金子文子　3月29日

ユキヤナギ

長瀞町岩畳

3月も下旬になると荒川の船下りが始まり、長瀞の観光シーズンが幕開けする。この季節はそろそろサクラが咲く季節(P44法善寺参照)、どちらの花に照準を絞るかは、あなたしだいである。

荒川に面した長瀞岩畳のユキヤナギは、野生そのもので岩場にしがみつくように群生している。長瀞は野生のものとしては北限といわれ、最盛期は3月下旬。5弁の花は直径8㎜程度とごく小さいけれど、近づいて見れば可憐で気品に満ちている。

岩畳へは秩父鉄道の長瀞駅から少し秩父市方面へ戻り、最初の踏切を渡ると道なりに荒川の岸辺に立つことができる。ユキヤナギは随所に咲いており、足場に注意しながら歩くことにしたい。

長瀞へ行くにはJR高崎線の熊谷あるいは西武秩父線の西武秩父駅で乗り換えることになる。車の場合は皆野寄居有料バイパスができ、走りやすくなった。船下りを楽しみ、河面《かわも》から花を見たいと思うのなら、下車駅は上長瀞駅のほうが近く、下船場は長瀞駅の一駅、熊谷寄り野上近くになる。船下りをするなら、長瀞ライン下り☎0494・66・0950まで予約したほうが安心である。

住 埼玉県長瀞町長瀞
交 秩父鉄道長瀞駅から徒歩5分。駐車場あり
☎ 長瀞町観光協会 0494・66・3311
花暦 ヤマブキ・フジ・ハナミズキ

栽培種ではあるが大柄な花はまだら模様があっておもしろい　3月30日

ツバキ

所沢市東福寺

巨大な守護観音像が見下ろす柳瀬川流域は武蔵野の雰囲気そのもの。花の寺として知られる東福寺を中心に、柳瀬川べりのぶらり散歩を試みたい。

　東福寺を直接、訪ねるのなら東所沢駅を利用するのがもっとも早いが、西武池袋線清瀬駅から台田団地までバスに乗り、金山緑地公園から柳瀬川ぞいの遊歩道を歩くのがおすすめのコース。天気のいい日なら、武蔵野には付きものの富士山を遠望することができる。

　土手に咲くレンギョウやハナモモ、ナノハナといった春の花に囲まれて歩くと、左手に大きな観音石像が見え、いい目印になる。

　ハケに面した東福寺は、シダレザクラを含めたサクラのほかにスミレやスイセンなど春の花があちこちに咲いており、お目当てのツバキにも対面できる。

境内裏の斜面に咲くスミレ　3月30日

住 埼玉県所沢市本郷
交 JR武蔵野線東所沢駅から徒歩10分
花暦 スイセン・サクラ・ショカッサイ・サルスベリ・ケイトウ・ハツユキソウ・カクトラノオ

葉の中央にタテに長くのびる白い線が特徴のヒロハアマナはユリ科アマナ属に属している。高橋いく　3月10日

ヒロハアマナ

練馬区牧野記念庭園

　著名な植物学者、牧野富太郎博士が生涯の三分の一を過ごされた住まいを記念して開放したのが牧野記念庭園。ここには博士が採取した植物を中心に３４０種もの植物が植栽されている。

　牧野記念庭園は、西武池袋線の大泉学園駅から近く、ヒロハアマナの咲く季節だったら、オオカンザクラやカンヒザクラ、それにカタクリやユキワリイチゲも咲いているはず。もう少し時期をおくらせ、博士がわざわざ高知市から移植したセンダイヤザクラ(4月上旬から中旬)にタイミングを合わせてもいい。

　牧野記念庭園を訪ねたら、書斎として使われた鞘《さや》道と記念館陳列室は必ず見ておきたい。また記念庭園には学芸員が常駐しており、植物に関する初歩的な質問にもていねいに答えてくれるのは実にありがたい。

奥方の名前をつけたスエコザサ。高橋いく

住 東京都練馬区東大泉
交 西武池袋線大泉学園駅南口から徒歩5分
時 9時～17時
休 火曜休
☎ 03・3922・2920
花暦 ユキワリイチゲ・カタクリ・サクラ・ニリンソウ・ヤマブキソウ・ハギ

武蔵野らしい雑木林の斜面に咲くカタクリは保護を徹底したおかげで株数が増えている　3月24日

カタクリ

武蔵村山市野山北公園

駐車場から歩いて5分という便利な場所で「カタクリの大群落がある」といったらびっくりされるはずで、狭山丘陵の一角にある野山北公園を紹介しよう。

　ここへ行くにはいろいろなコースがあるが、西武拝島線玉川上水駅から武蔵村山市内循環バスに乗るのが一般的。「かたくりの湯」には駐車場があり車利用も可。

　めざすカタクリの群落はショウブ田の脇、雑木林の斜面にあって、午後になると斜光線に輝く花が立体的に見える。群生地には柵があって近づけないが、双眼鏡を用意するとクローズアップできる。

　野山北公園に隣接する「かたくりの湯」☎042・520・1026は、入ると肌がつるつるになるアルカリ温泉で、帰りがけに一風呂浴びて帰るといい。

アスレチックコースに咲くヤマザクラ

住 東京都武蔵村山市本町
交 西武拝島線玉川上水駅または多摩都市モノレール上北台駅から武蔵村山市内循環バスで村山温泉かたくりの湯下車、徒歩5分
☎ 042・531・2325
花暦 ハナショウブ

1 2 3 4 5 6 7 8 9 10 11 12

4月になると斜面が赤紫色のじゅうたんを敷きつめたようにカタクリが咲く　3月24日

カタクリ

青梅市北島自然野草園

御獄神社の赤い大鳥居の左手にある北島自然野草園は、裏山の斜面に約400種の山野草が生える花の宝庫。園のオーナー、北島浩之さんの豊富な知識に触れられる楽しみに訪れる人も多い。

北島自然野草園へ行くにはJR青梅線御獄駅からケーブル下行きのバスも利用できるが、歩いても15分ほど、さっさと歩いてしまおう。

狭い石段を上がって門の中に入ると受付がある。カタクリの咲く季節ならアズマイチゲ、キクザキイチゲ、キバナノアマナ、ダンコウバイ、ヤブツバキといった花が咲いているはずで、ヒマなときを選べば気軽に案内してくれる。

北島自然野草園はそのほかクマガイソウの咲く5月上旬、ヤマユリの咲く7月下旬など、花の咲く季節を選んで出かけるといい。山の斜面を巧みに生かした巡回路は、花に近づけるように配慮されている。

日本特産種になっているレンゲショウマ

住 東京都青梅市御岳
交 JR青梅線御獄駅から徒歩15分。バス利用の場合は中野下車
時 10時～16時
3月20日～11月23日開園
料 500円
☎ 0428・78・8838
花暦 イチリンソウ・クマガイソウ・キバナノアマナ

滝の城址公園のカタクリは、比較的柵の近くに咲いているので接写しやすい　3月30日

カタクリ

所沢市滝の城址公園

戦国時代の小さな出城跡を公園として整備したのが滝の城址公園。サクラの名所であると同時にカタクリの花が咲く秘密の場所でもある。

西武池袋線清瀬駅北口からバスに乗り、終点の台田団地でおりたら柳瀬川を渡ると公園の入口に到着する。

滝の城址公園は知る人ぞ知るサクラの名所。花見の季節であっても、有名公園のような陣取りの必要はなく、のんびりした気分でサクラに対面できる。

カタクリが咲くのはちょうどこの季節。テニスコートや運動施設の集まる場所から城山神社の台地までひと登りすると、カタクリやニリンソウの群落が遊歩道の脇にある。

バスの終点、台田団地からの柳瀬川右岸はサクラ並木になっており、気のむくままに歩いてみるのも楽しい。

滝の城址公園のユキヤナギ。金子文子　4月7日

住 埼玉県所沢市城
交 西武池袋線清瀬駅北口下車。バス15分台田団地から徒歩5分。駐車場あり
☎ 所沢市役所 042・998・1111
花暦 サクラ・レンギョウ・ニリンソウ・ヤマブキ・タチツボスミレ・アジサイ・ヒガンバナ

カタクリは花をつけるまでに7〜8年かかる貴重な花。花は見るだけ、大切に保護したい　3月23日

カタクリ

小川町西光《さいこう》寺

　和紙の町として有名な小川町はカタクリとオオムラサキの里としても知られている。

　カタクリが咲いているのは仙元山《せんげん》の北側山麓で、とくに西光寺境内がよく知られている。

　西光寺へは小川町駅から歩いても30分程度、ほどよい散歩コースだが、埼玉伝統工芸会館までバスに乗ると、わずか5分で寺へ着く。鐘楼がある三門《さんもん》をくぐると右手にシダレザクラがあり、カタクリの咲く時期とうまく合致する。

　カタクリの群生地は本堂左側の裏山にあり、遊歩道が設置されている。

　カタクリの花はここ西光寺を基点にオオムラサキの里から高西寺にかけて、随所に見受けられる。小川町を訪ねたら名物の忠七めしか女郎うなぎは、忘れられない町の名物料理である。

三門脇のシダレザクラは早咲き　3月23日

住 埼玉県小川町小川
交 東武東上線小川町駅から徒歩30分。埼玉伝統工芸会館までバスの便あり。徒歩5分
料 管理料100円
☎ 小川町観光協会 0493・72・1221
花暦 ウメ・レンギョウ・ミツマタ・ハナショウブ

陽当たりのいい斜面に咲くハナモモは文字通り花のつきが見事。阿部英一　4月18

ハナモモ

国分寺市殿ケ谷戸庭園

同じ枝でありながら紅白の花を咲き分ける器用さがハナモモにはある。この傾向はウメにもあるが、同じサクラ属のサクラが「咲き分け」する話は聞いたことがない。

国分寺駅南口からわずか3分という便利な場所にある殿ケ谷戸庭園は武蔵野を代表するハケ地形にそって造園され、次郎弁天池は湧き水を水源としている。

元々は三菱財閥・岩崎家の別邸だった殿ケ谷戸庭園は、回遊林泉式の見事な庭園で、カエデやイロハモミジの紅葉は武蔵野で一、二を争う名所といわれている。

殿ケ谷戸庭園は、花や樹木の手入れのいい庭園で、早春からの花暦はマンサク、ボケ、サクラ、ハナモモ、ツツジへつづき花の絶えることはない。ハナモモが盛りの4月下旬はツツジも見事に咲く。

殿ケ谷戸庭園の紅葉はカエデが主体。阿部英一

住 東京都国分寺市南町
交 JR中央線国分寺駅南口から徒歩3分
時 9時～17時
料 150円
休 年末年始
☎ 042・324・7991
花暦 マンサク・ボケ・サクラ・ツツジ・フジ・ハギ

1 2 3 4 5 6 7 8 9 10 11 12

ユキヤナギ、ハナモモ、サクラの三段構えで見せる花の競演は見沼通船堀ならでは……　3月17日

ハナモモ

さいたま市見沼通船堀《みぬまつうせんぼり》

　見沼通船堀は、享保《きょうほ》16年(1731)八代将軍・徳川吉宗の命で開通した閘門《こうもん》式の運河で、一度に150俵もの米を運ぶことができた。現在の通船堀は、当時の閘門を復元したもので、遊歩道が整備されている。

　3月中旬から4月上旬にかけての見沼通船堀は、レンギョウ、ユキヤナギ、ボケ、サクラ、ナノハナなど春の花がいっせいに咲いてまことに賑やか。通船堀からは、見沼代用水東縁《ひがしべり》にそうように川口市自然公園、大崎園芸植物園へ50分ほどのウオーキングコースが整備されているから、ぜひともトライされることをおすすめする。

　見沼通船堀へはJR武蔵野線東浦和駅から歩いて10分ほど、目印になるダイエー手前を左折すれば、自然と見沼通船堀の一角に入る。

花弁と雄しべ雌しべの対比が見事なボケの花

住 さいたま市緑区大間木
交 JR武蔵野線東浦和駅から徒歩8分
☎ さいたま市公園管理事務所 048・886・3200
花暦 レンギョウ・ヒュウガミズキ・サクラ・ナノハナ・ボケ・ノカンゾウ

ふくらみかけたモクレンのつぼみが逆光に光るのも美しいが、やはり花は満開のときがいちばん美しい　3月12日

モクレン

練馬区石神井禅定《ぜんてい》院

わたしたちが日頃モクレンといっているのは、正確にいうとハクモクレンのこと、モクレンというのは、花弁が紅紫色をした紫木蓮《しもくれん》をさすというのだから、ややこしい。

正式名称が通称に追いやられてしまうのはほかにも例があり、ゼンテイカはいつの間にかニッコウキスゲと呼ばれるようになってしまった。植物学界は、この辺りとてもおおらかなので、本書では通称のモクレンを採用することにした。

さて、石神井公園に隣接する禅定院に咲くのはハクモクレンのほうで、例年だと春のお彼岸の頃が満開の季節となる。

石神井公園は、ネコヤナギ（P11）の項目で紹介したように花の散歩にうってつけの場所。石神井池のほとりには、ロニオンという旨いイタリー料理の名店もある。

本堂手前に咲くウメ　3月12日

住 東京都練馬区石神井町
交 西武池袋線石神井公園駅南口から徒歩15分
☎ 練馬区役所 03・3993・1111
花暦 ウメ・モクレン・ツバキ

同じ東京でも青梅までくると気温差があり、即清寺のモクレンが咲くのは4月に入ってからの年が多い　3月24日

モクレン

青梅市即清《そくせい》寺

　愛宕山即清寺の創建は平安初期、源頼朝が畠山重忠に銘じて中興させた由緒ある寺。自然石を積んだ石段を上がり山門をくぐると、右手にモクレンの大木がある。入母屋《いりもや》造り瓦葺きの本堂は昭和14年の再建だが、堂々としたたたずまいで、独特の雰囲気がある。

　モクレンの花被片は9枚あるが、すべて花弁状。同じ仲間のシモクレン（紫木蓮）は9枚の花被片のうち外側の3枚は萼《がく》といわれ、どこがどう違うのか、近づいてよく観察したい。

　ちょっとした高台にある即清寺は多摩川方面の眺望がよく、海禅《かいぜん》寺や辛垣《からがい》城址がよく見える。

　即清寺へ行くには、JR青梅線青梅駅前からバスに乗るのがいちばんだが、同じ青梅線の二俣尾から海禅寺、吉川英治記念館を経由して歩くと50分ほどのウオークが楽しめる。

　海禅寺は三田氏の手厚い保護を受けた曹洞宗の寺院でサクラとシダレザクラが有名である。即清寺のモクレンとはちょうど花期があうので、合わせて計画されたらいかがだろう。

　即清寺のモクレンは花のつきがよく、花期は4月10日前後が盛り。都心部とはかなりの差があるので注意したい。

住 東京都青梅市柚木町
交 JR青梅線青梅駅前からバス、即清寺下車、徒歩1分
☎ 青梅市観光協会 0428・24・2481
花暦 カタクリ・サクラ・ヒガンバナ

モクレン

都《と》幾《き》川《かわ》村霊山《りょうぜん》院

元々は慈光《じこう》寺の塔頭《たっちゅう》として創建されたが、禅道場としての長い歴史を刻んだのが霊山院。勅使《ちょくし》門まである立派な寺院は、花の種類が多いことでも知られている。

霊山院のモクレンは例年、4月10日が満開の時期と思っておけばほぼ間違いない。モクレンと一緒に咲くのはサクラを筆頭にミツバツツジ、レンギョウ、ユキヤナギ、シダレモモなど。駐車場から勅使門にかけてはまるで花壇のようになっており、さまざまな花をめでることができる。お目当てのモクレンは、勅使門から本堂をめざし、歴代住職の卵塔がある山の斜面にある独立樹で、ミツバツツジとのコントラストが見事である。

ミツバツツジと重なるように咲く霊山院のモクレン　4月8日

霊山院へ行くのであったらバスの終点、西平から女人堂、慈光寺、霊山院のコースを歩くことをおすすめする。

このコースはちょっとした山登りで、ゆっくり登って1時間ほど、帰りは直接、女人堂へ下ることができる。

勅使門への参道に咲くレンギョウ　4月8日

住 埼玉県都幾川村西平
交 JR八高線明覚駅からバス西平下車。徒歩50分。駐車場あり
☎ 霊山院 0493・67・0068
花暦 シダレウメ・シダレモモ・サクラ・ユキヤナギ・ミツバツツジ・モクレン

標高約600mの竹寺ではモクレンをはじめミツバツツジ、シダレザクラがほぼ同時に咲く　3月28日

モクレン

飯能市竹寺

「子《ね》の権現から竹寺へ」はハイキング好きの人なら一度や二度は歩いたことがある奥武蔵の名門コースである。

　孟宗《もうそう》竹に囲まれた竹寺は、珍しい竹があることでも有名だが、手入れのいい山野草が豊かに咲く寺でもある。

　竹寺へ行くにはバスの終点、中沢から30分ほど登らなくてはならないが、ひと汗かいて登るだけの価値は十分にある。

　訪ねる季節は3月末から4月上旬にかけて。竹寺はシダレザクラとモクレン、ミツバツツジがほぼ同時に咲き、北国でしか味わえない花見が身近に経験できる。

　ヒトリシズカやアズマイチゲ、イチリンソウ、サクラソウ、イカリソウといった野草がいっせいに開花するのは4月に入ってから。狙いが野草なら4月5日を目標にしよう。

竹寺に咲くシロバナエンレイソウ　4月12日

住 埼玉県飯能市南
交 西武池袋線飯能駅下車。バス40分中沢から徒歩30分。
駐車場あり
☎ 0429・77・0108
花暦 ネコヤナギ・フクジュソウ・キブシ・アズマイチゲ・クマガイソウ・シャガ・ヤマユリ・ホトトギス

本来、モクレンはこの写真のシモクレンを指し、白い花をハクモクレンといった。高橋いく　3月24日

シモクレン

保谷・高橋家

保谷、田無の両市が合併して誕生した西東京市は、高層マンションが次から次へと建築されて、まさに東京のベッドタウンと化した。

そうはいうものの、ケヤキに囲まれた屋敷林や雑木林も随所に保存されているから、武蔵野の面影を色濃く残している地域であることに間違いはない。

保谷・高橋家のシモクレン（P30禅定院の項参照のこと）は、写真で見てもわかるようにかなりの大木で花のつきも見事である。

高橋家へ行くには西武池袋線保谷駅北口下車。駅前を北に向かい、完成したばかりの道路、保谷秋津線に出合ったら斜め前方に入るとすぐにシモクレンが視界に入ってくる。

高橋家はとくに花を公開しているわけではなく、花は道路から見ることになるので、照会先の項目は省略した。

この季節、高橋家の庭には春の花がたくさん咲いている。拝見するときは必ずひと声かけることを忘れないように…。

青空に映える高橋家のサンシュユ　高橋いく

住 東京都西東京市下保谷
交 西武池袋線保谷駅北口から徒歩7分
花暦 スイセン・ウメ・サンシュユ・サクラ・ツバキ・シモクレン

芝東照宮にごく近い公園の一角で見つけたボケの大株。これだけまとまるとけっこうな迫力　3月21日

ボケ

芝公園・増上寺

　サクラよりひと足早く咲くボケは中国原産で、平安時代には渡来したといわれている。

　ボケは多くの園芸種があるが、おおまかにいって紅色花をボケ、白色花をシロボケ、紅白雑色花をサラサボケと呼んでいる。

　芝公園にあるのはシロボケ。かつては芝東照宮の境内にサラサボケが咲いていたのだが、いつの間にか姿を消してしまった。

　増上寺を取り囲むように整備された芝公園はけっこう広く、上野や飛鳥山と同様、明治6年（1873）日本で最初の公園として指定された歴史を持っている。

　芝公園にはウメやサクラの名所として知られる丸山古墳、徳川家康の菩提寺でもある増上寺（サクラとシダレザクラ）など、3月下旬から4月上旬にかけて訪ねると楽しい。

増上寺境内のシダレザクラ。酒井政博　4月10日

住 東京都港区芝公園
交 JR浜松町駅から徒歩12分。または地下鉄三田線芝公園駅から徒歩2分。
☎ 03・3431・4359
花暦 ウメ・ネコヤナギ・レンギョウ・アセビ・サクラ・カイドウ・ツツジ・アジサイ・ムクゲ・カンツバキ

ボケは園芸種が多く、東洋錦のように1株で紅色と白色を咲き分ける種もある。柳沢満義

本立寺のヤエヤマブキ。柳沢満義　4月17日

ボケ

練馬区本立《ほんりゅう》寺

毎年、12月9日、10日の両日、「関のボロ市」が立つことで知られているのが本立寺である。

江戸時代からつづくボロ市、当初は農具や呉服、古着が中心だったが、現在ではすっかり様変わりしてしまった。

西武新宿線武蔵関駅北口でおりたら田無方向へ進み、石神井川を渡った先が本立寺。花の種類は少ないが手入れがよく、ボケの季節だとヤマブキやレンギョウ、サクラも咲いているはずだ。

ボケの花は、花柱のある両性花と雌しべがない雄花が共生する、おもしろい性質を持っている。花に思いきって近づき、花の中心をていねいに観察すると両花の違いが区別できるはずだ。

本立寺を訪ねたら、石神井川ぞいにサクラ並木があり、武蔵関公園までは10分ほどで到着できるから、ぜひとも足を伸ばしてみたい。

住 東京都練馬区関町北
交 西武新宿線武蔵関駅北口から徒歩5分
☎ 03・3920・1384
花暦 ウメ・レンギョウ・サクラ・ヤマブキ・ツツジ

カンヒザクラ

上野公園

国立博物館前のカンヒザクラ。井上敬三　3月22日

台湾原産のカンヒザクラは、南方系のサクラだけあって、日本列島ではいちばん早く開花する。1月の声を聞くと耳にするサクラ便りは、カンヒザクラで、沖縄本島や石垣島では野生化している。

緋紅色の花を下に向けて咲くカンヒザクラは、早咲きのシダレザクラよりさらに早く、ここ上野公園では3月中旬には咲き始めている。カンヒザクラが咲くのは噴水広場と東京国立博物館前。この季節の上野公園は、いわゆる花見客の雑踏もなく、のんびり、ゆったり花を観賞できる。

上野公園からは不忍池《しのばずのいけ》を通って湯島天神のウメをめでるとか、寛永寺を経て谷中《やなか》の寺町を散歩するとか、さまざまな散策プランが浮かんでくる。いずれにしても、暖かい陽射しに恵まれた晴天を選ぶことが大切である。

住 東京都台東区上野公園
交 JR上野公園口から徒歩3分
☎ 上野公園管理事務所
03・3827・7752
花暦 スイセン・ウメ・サクラ・ハナミズキ・ボタン・ハス

シダレザクラ

練馬区三宝《さんぼう》寺

石神井公園は、石神井池とそのすぐ上流にある三宝寺池を中心に整備されている。

三宝寺池のそもそもの由来は、三宝寺のほとりにある池という意味で、三宝寺なくして三宝寺池の名前は存在しないはずである。

三宝寺は元々は石神井村小仲原にあった寺を太田道灌《おおたどうかん》が現在の場所に移したと伝えられている。江戸時代になると数十の末寺を持つ大寺院となり、御成門と呼ばれる山門は、三代将軍家光が出入りしたことで知られている。

三宝寺のシダレザクラ。松沢英晶　4月1日

三宝寺のシダレザクラは遅咲きで、例年だと4月10日前後が見頃となる。この寺を訪ねたら、すぐ近くの氷川神社や石神井公園もサクラの名所、忘れずに訪ねてみたい。

住 東京都練馬区石神井台
交 西武池袋線石神井公園南口下車。バス東京あおば下車、徒歩3分。
☎ 03・3996・0063
花暦 ボケ・ツツジ

カンヒザクラ	1	2	3	4	5	6	7	8	9	10	11	12
シダレザクラ	1	2	3	4	5	6	7	8	9	10	11	12

樹齢100年といわれるシダレザクラは花のつきがよく、ソメイヨシノより少し早めに咲く　4月3日

シダレザクラ

小石川後楽園

　水戸藩初代、徳川頼房《よりふさ》がてがけ二代光圀《みつくに》が完成させた回遊式泉水庭園が後楽園。

　めざすシダレザクラは、蓬《ほう》萊《らい》島を正面に望む大泉水前にある。ゆったりした芝地に植えられており、四方に枝を垂らす様子はいかにもシダレザクラらしい。

　後楽園にはこのシダレのほかに90本ほどのソメイヨシノがあり、4月の声を聞いたらさっそく出かけよう。

　遠方からの訪問なら、前もって開花の状況を確認して計画されるといい。せっかく花見をするのなら、シダレザクラとソメイヨシノを合わせてめでられるほうがいい。

　小石川後楽園へ行くには地下鉄利用が便利だが、JR中央線、総武線水道橋駅西口から歩いても10分たらず。園内散策には1時間程度の余裕をみておきたい。

ハナショウブの見頃は6月の下旬になる

住 東京都文京区後楽
交 地下鉄飯田橋駅（有楽町線、東西線、南北線）下車、徒歩8分
時 9時～17時
料 300円
休 12月29日～1月3日
☎ 03・3811・3015
花暦 ヤマブキ・ツツジ・ハナショウブ・ヒガンバナ

六義園のシダレザクラはエドヒガンザクラの一種といわれ、ピンクがかった花の色が見事　3月20日

シダレザクラ

文京区六義《りくぎ》園

小石川後楽園と並んで江戸の二大庭園といわれる六義園は、赤穂浪士に切腹を命じた側用人、柳沢吉保《よしやす》が7年の歳月をかけて造った回遊式築山山水庭園。国の特別名勝に指定されている格式は、随所に配置された諸国の名石にもうかがうことができる。

花の季節だけ通行できる染井門から園内に入り、玉砂利を敷きつめた道を進むと大門（正面入口）前の広場にシダレザクラが咲いている。エドヒガンの一種といわれるシダレザクラは、円形の棚に支えられながらも見事な花をつけている。

時計回りに園内を一周するが、この季節だと吟花亭跡や千里場のソメイヨシノは忘れられない。ソメイヨシノといえば、本家本元の染井霊園（P50参照）は歩いて15分たらず、ついでに出かけてみてもいい。

シダレザクラの季節に咲くミツマタの花

住 東京都文京区本駒込
交 JR山手線駒込駅下車徒歩5分
時 9時〜17時
料 400円
休 12月29日〜1月3日
☎ 03・3941・2222
花暦 ロウバイ・ウメ・ツツジ・タイサンボク・紅葉

石庭まで備えた観音堂わきに咲く圓通寺のシダレザクラ。高橋俊郎　4月8日

赤い前掛けが似合うお地蔵さま。高橋俊郎

シダレザクラ

清瀬市圓通寺

　山門をくぐり、赤い前掛けをしたお地蔵さんに迎えられる。正面の本堂右側はきれいに掃き清められた石庭があり、フジの花が咲きそろう季節に訪れたら、さぞかしだと思う。

　市民が中心になって定めた「清瀬10景」の圓通寺は、南北朝時代の暦応3年（1340）に創建されたといわれ、清瀬市ではもっとも古い寺院。山門と並ぶように建つ長屋門は白壁と板腰羽目がしっかりと保存され、独特な雰囲気を持っている。

　めざすシダレザクラは本堂わきにあり、ソメイヨシノより少しおくれて満開となる。

　圓通寺へ行くには清瀬駅北口から台田団地行きのバスで終点下車。通りひとつへだてた市立下宿地域市民センターを目標にする。圓通寺はセンターのちょうど裏側、ちょっとわかりにくい。

住 東京都清瀬市下宿
交 西武池袋線清瀬駅北口から台田団地行きバス15分、終点下車、徒歩5分
☎0424・91・0652
花暦 フクジュソウ・シダレウメ・フジ

シダレザクラ

青梅市梅岩《ばいがん》寺

3本のシダレザクラは花期に1週間の差があり、長い間楽しめる　3月28日

青梅駅からわずか8分、小さな踏切を渡った先に梅岩寺が建っている。「花の滝」が見られるのは例年4月10日前後、都心のサクラと比べると10日ほどのずれがある。

境内に入って目につくのは本堂左手の山裾にある2本のシダレザクラ。花の勢いがすばらしいシダレザクラは、まるで花の大滝を見上げているような錯覚を起こしてしまう。

山門横にあるもう1本のシダレザクラは、花をつけた枝先をくぐるように丈が低く、ピンクの色が濃い。

梅岩寺のシダレザクラは、同じ青梅市内にある金剛寺のシダレザクラを移植したものといわれ、姉妹桜と呼ばれている。金剛寺は梅岩寺から歩いて15分ほどの市街地にあるから、このさい、ぜひとも訪ねてみたい。

金剛寺は平将門《たいらのまさかど》が開基といわれる古刹で、青梅の地名発祥の由来となったウメの老木があることでも知られている。

梅岩寺本堂前のシダレはピンクが濃い　3月28日

住 東京都青梅市仲町
交 JR青梅線青梅駅下車、徒歩8分
☎ 青梅市観光協会 0428・24・2481
花暦 ウメ・ユキヤナギ・レンギョウ

シダレザクラの枝が垂れるのは、地球の引力に逆らうセンサーに異常があるかららしい。清水卯平　4月4日

シダレザクラ

青梅市安楽《あんらく》寺

モモの林に囲まれた平和で豊かな里を桃源境というが、ハナモモが一面に咲く季節の安楽寺を訪ねたら、中国の詩人・陶淵明《とうえんめい》の心境がわかるような気がする。

丘状の田舎道をゆるやかに登ると安楽寺に着く。腰板つきの白い漆喰《しっくい》塀にもたれかかるようにシダレザクラが咲いている。

例年の花期でいうなら3月の末、同じ青梅市にありながら、梅岩寺に比べると花の盛りは10日ほど早い。

シダレザクラの季節、安楽寺周辺には、ユキヤナギ、レンギョウ、スモモといった花々がいっせいに咲き、ボタン、シャクヤクへとつづく。

安楽寺を訪ねるのであったらカメラかスケッチブックは必携。上手《じょうず》下手《へた》は別として、道端に腰をおろし、のんびりとした「ときの流れ」をぜひとも体験してほしい。

安楽寺周辺は一面のハナモモ畑。清水卯平

住 東京都青梅市成木
交 JR青梅線東青梅駅から成木循環バス中里下車、徒歩5分
☎ 青梅市観光協会 0428・24・2481
花暦 ボタン

白石を敷きつめた玉蔵院前庭に咲くシダレザクラは、まるで花笠をかぶったように見える　3月29日

シダレザクラ

浦和玉蔵《ぎょくぞう》院

隣接する中央公園に咲くソメイヨシノ

玉蔵院は、古く平安時代の創建といわれ、江戸時代になると徳川家康から寺領10石の寄進を受けたほどの古刹。

ＪＲ浦和駅西口でおりたら旧中仙道を右折、みずほ銀行前を左折するのが玉蔵院へのわかりやすい順路。門前町の雰囲気がちょっぴり残る参道の奥が中央公園で、山門をくぐると細い通りひとつへだてて玉蔵院が建っている。

シダレザクラは地蔵堂の北側に植えられている。老木を支える六角形をした棚にそうように咲くシダレザクラは、巨大な花笠を連想させる樹冠が花で埋まるのは3月末、浦和駅からたった5分ほどの市街地に、これほどの「憩いの空間」があるのは、なんとも不思議な気がする。市の有形文化財に指定されている地蔵堂は安永9年（1780）の建立、江戸中期の仏堂建築として価値のあるお堂だ。

住 さいたま市浦和区浦和仲町
交 JR浦和駅西口下車、徒歩5分
☎ 048・822・2253
花暦 シダレザクラ・ソメイヨシノ

シダレザクラ

所沢市金仙《こんせん》寺

早稲田大学所沢キャンパスに近い金仙寺は、隠れたサクラの名所。

平安初期に創建されたこの寺には、幹の回りが2mを越すシダレザクラの老樹があるほかソメイヨシノがあり、人波にじゃまされることなく、静かな花見をしたい人におすすめの寺である。

金仙寺を訪ねるには、西武池袋線小手指駅から白旗塚を経由する「緑といこいの散歩道」を利用、北野天神から所在地の堀之内をめざすと、いい散歩コースとなる。

住 埼玉県所沢市堀之内
交 西武池袋線小手指駅から宮寺または金子駅入口行きバス15分、堀之内下車、徒歩5分
☎ 所沢市役所商工観光課 042・998・9155
花暦 シダレウメ・モクレン・ノーゼンカズラ

幹回りが2mを越す金仙寺のシダレザクラは、古木なのに樹の勢いはよく見事な花をつける。井上敬三　3月17日

シダレザクラ

日高市高麗《こま》神社

シダレザクラは、サクラ開花の標準木となっているソメイヨシノに比べ、早咲きと遅咲きがあり、うっかりすると花の盛りを失することがある。

高麗神社のシダレザクラは早咲きに属していて、同じ境内のソメイヨシノより早く満開を迎える。

高麗郷にさまざまな高句麗《こうくり》文化を定着させた王族・若光《じゃっこう》を祀った高麗神社は、現在でも直系の子孫が宮司を務める由緒ある神社。高麗神社と聖天院を結ぶと手軽な散歩コースとなる。

住 埼玉県日高市新堀
交 JR川越線、八高線高麗川駅下車、徒歩25分
☎ 0429・89・1403
花暦 ロウバイ・ウメ・ソメイヨシノ・アジサイ・ヒガンバナ

高麗神社境内の高麗家住宅のシダレザクラ。清水卯平

小さな山門を囲むように咲くシダレザクラ。法善寺は花の多いお寺である　4月8日

シダレザクラ

長瀞町法善寺

船下りで知られる長瀞の荒川の流れの近くに位置するのが法善寺。この寺は秋の七草、フジバカマが咲く寺として有名だが、春4月、境内をはみ出すほどに花をつけるシダレザクラが見事である。

法善寺へ行くには秩父鉄道野上駅下車が最短のコースだが、ここでは長瀞駅から北桜通りのサクラ並木を経て、金《かね》石水管《いしすいかん》橋を渡るコースをおすすめする。

長瀞駅から荒川下流の高砂橋まで、約3㎞のサクラ並木がつづく北桜通りは、4月上旬になると文字通りサクラのトンネルを歩くことになる。

県道82号線ぞいにある法善寺は、花の寺として知られ、山門から本堂にかけて数本のシダレザクラが植えられている。ピンクもあれば白もあり、大勢の花見客が春を楽しんでいる。この季節には、珍しいホウキモモが咲き、ミツバツツジが花の彩りを添えている。

群生が見事なフジバカマ　9月18日

住 埼玉県長瀞町井戸
交 秩父鉄道長瀞駅下車、徒歩15分
☎ 0494・66・0235
花暦 ホウキモモ・ミツバツツジ・シダレザクラ・フジバカマ

広々とした清雲寺前の広場には紅白40本のシダレザクラが咲く。もっとも古いエドヒガンは樹齢500年　4月8日

シダレザクラ

荒川村清雲寺

岩松山清雲寺は創建の古さもさることながら、県の天然記念物にもなっている40本ものシダレザクラが妍を競って咲き、サクラの名所として知る人ぞ知る存在である。

　清雲寺のシダレザクラがすばらしいのは、ほとんどの樹が支えもなく、すっきりと立っていること。残念ながら、樹齢500年といわれるエドヒガンは、樹冠の部分が雪害のため折れてしまい、かつての勇姿は想像するほかはない。

　紅白のシダレザクラはまず白から咲きはじめる。年にもよるが、清雲寺のご本尊、延命地蔵菩薩の縁日、4月8日に合わせるように咲くといわれている。

　せっかく清雲寺を訪ねるのであったら、秩父札所29番長泉院は同じ荒川村。この寺のシダレザクラも有名で、清雲寺から歩いて15分たらずだ。荒川村名物のそばの味と共に忘れないようにしたい。

シダレの花びらが舞うお地蔵様

住 埼玉県荒川村上田野
交 秩父鉄道武州中川駅下車、徒歩15分
☎ 荒川村産業観光課
0494・54・2114
花暦 カタクリ、ヤマブキ・シャクナゲ

千鳥ケ淵になだれこむように咲くソメイヨシノ、背景は田安門　4月7日

サクラ

千鳥ケ淵

東京の「開花宣言」でおなじみなソメイヨシノの基準木がお隣、靖国神社境内にあるというのに、東京の花見といえば千鳥ケ淵と相場は決まっている。

皇居北の丸公園の北側入口にあたる田安門の西外側位置するのが千鳥ケ淵。ちなみに南側の濠《ほり》を牛ケ淵という。

千鳥が翼を広げたような形をしていることから名づけられた千鳥ケ淵には、戦没者墓苑まで８００ｍのガーデンロードが設置され、この道にそって花見が楽しめる。

貸しボートを漕いで満開のサクラをめでるのも千鳥ケ淵ならではの花見。サクラと城門とのコントラストが絶妙である。

千鳥ケ淵からは、先のガーデンロードを進むと右側に英国大使館の建物が見えてくる。ここは散歩コースのフィナーレにふさわしいサクラ並木がつづいている。

牛ケ淵の土手に咲くサクラとナノハナ

住 東京都千代田区九段南
交 地下鉄東西線、半蔵門線、新宿線九段下駅下車徒歩3分
☎ 千代田区役所観光課 03・3264・0151
花暦 ショカッサイ・キツネノカミソリ・ヒガンバナ

日本庭園のほとりに咲くソメイヨシノ。新宿御苑はサクラの種類が多く、5月上旬まで花見が楽しめる　4月5日

サクラ

新宿御苑

新宿御苑といえば、サトザクラが満開になる季節の皇室主催園遊会が思い出されるが、御苑に咲くサクラはサトザクラばかりではない。

新宿御苑のサクラに関する花暦は2月上旬のカンヒザクラに始まり、ソメイヨシノ、シダレザクラ、そしてサトザクラへと絶えることなくつづいていく。

花のボリューム感からいえばサトザクラがいちばんだが、新宿副都心の高層ビルを背景にした日本庭園のソメイヨシノやシダレザクラの趣も忘れられない。

高遠《たかとう》藩主内藤家の屋敷跡にできた新宿御苑は、長い間、皇室の庭園として維持された歴史があり、現在では一般に公開される国民公園のひとつとなっている。サクラが見頃を迎える3月下旬から4月下旬にかけての新宿御苑は、ボケ、スイセン、モクレン、ツツジといった花々が咲く。

樹齢200年といわれるモクレン　3月12日

住 東京都新宿区内藤町
交 地下鉄丸の内線新宿御苑前駅下車、徒歩5分かJR新宿駅南口から徒歩15分
☎ 03・3350・0151
花暦 スイセン・ツツジ・バラ・キク

サクラ

池上本門寺

長栄山本門寺は日蓮上人が入滅《にゅうめつ》した後、弟子の日朗が継いで堂宇を完成させた大寺院。

関東随一といわれた七堂伽藍は、総門、五重塔、経蔵、多宝塔を除くとすべて戦災で焼失した。

広い境内の東側は、本門寺からの寄贈で公園となり、現在では大田区が管理している。

総門から大堂（日蓮上人の坐像を安置）へ通じる96段の此経《しきょう》難持坂《なんじざか》は加藤清正が寄進した坂で、現在は右手に勾配のゆるやかな女坂が設置されている。

女坂にはカンヒザクラをはじめカンツバキ、ツツジ、アジサイといった植物が植栽され、季節の花に接しながら大堂に向かうことができる。

サクラが見事なのは弁天池と子供広場の周辺、4月の声を聞くと同時に花見の季節が到来する。

本門寺を訪ねたら、名物のくず餅は忘れられない。

ただ今、満開のソメイヨシノ。金子壮一　3月24日

国の重要文化財の五重塔　金子壮一

住 東京都大田区池上
交 東急池上線池上駅下車、徒歩10分。駐車場あり
☎ 03・3752・2331
花暦 カンヒザクラ・ツツジ・アジサイ・ユリ・サザンカ

隅田川の両岸はサクラ並木。右岸はシダレザクラ、ウコンザクラ、ジュズカケといったサクラが咲く　4月8日

サクラ

隅田公園

かつての墨堤《ぼくてい》は八代将軍の徳川吉宗が150本のヤマザクラを植えさせたことが始まりで、その伝統は明治に至るまで引き継がれてきた。

関東大震災と戦災の2回、大きな被害にもめげず、サクラの名所として見事復活したのが現在の隅田公園。吾妻橋から人専用の桜橋まで、隅田川の両岸には約1080本のサクラが植えられている。サクラの大半はソメイヨシノだが、中にはウコン、ジュズカケ、フゲンゾウ、イチヨウ、カンザンといった珍しい品種が花を咲かせる。

隅田公園の花見は、吾妻橋を渡って左岸を桜橋まで行き右岸を吾妻橋まで戻ると、十二分に堪能できる。

隅田公園の花見は、吾妻橋と桜橋のたもとに乗り場のある水上バスに乗る方法もあるが、時間待ちは覚悟せねばなるまい。

上流に位置する桜橋のすぐ近くには江戸時代からつづく和菓子の老舗、言問団子《ことといだんご》と山本やの桜餅があることも覚えておいて損はない。

浅草寺五重塔に咲くツツジ

住 東京都台東区花川戸、墨田区向島
交 地下鉄銀座線、三田線浅草駅下車、徒歩3分
☎ 浅草文化観光センター 03・3842・5566
花暦 ウメ・サクラ

本家本元に咲くソメイヨシノは108本　3月20日

サクラ

豊島区染井霊園

サクラの開花宣言の基準木として知られるソメイヨシノはオオシマザクラとエドヒガンの交配種で、幕末か明治のはじめに染井の植木屋が売り出したといわれている。

染井霊園は、町名こそ駒込に変わったものの旧染井の中心で、花をめでるのなら花吹雪広場、外人墓地、谷戸川土手を目安に散策するといい。染井霊園には、高村光雲、光太郎、智恵子の墓がある。

ソメイヨシノばかりが有名な染井霊園だが、秋の彼岸の頃になると赤、白、黄色のヒガンバナが咲く。黄色のヒガンバナは珍しく、興味があったら訪ねてみることをおすすめする。

染井霊園へ行くには、駒込駅から染井通りへ出てしまえば一本道。この通りは「歴史と文化の散歩道」と名づけられており、車の交通量も少ないので、のんびり歩ける。

住 東京都豊島区駒込
交 JR山手線、地下鉄南北線駒込駅下車、徒歩15分
☎ 03・3918・3502
花暦 ソメイヨシノ・スミレ・ヒマワリ・ヒガンバナ

井の頭池畔はサクラ並木。栗田義一郎　3月25日

サクラ

武蔵野市井の頭公園

公園のシンボル、井の頭池はかつて七井の池といい池は7ケ所の湧水を水源にしていた。江戸入府を前にした徳川家康が、町づくりの基礎になる水源を調査させ、七井の池を中心に神田上水を開いた史実がある。そんなことはさておき、現在の井の頭池は周囲を遊歩道で囲み、一周できるようになっている。池のほとりにはソメイヨシノを中心に620本ものサクラがある。

花の盛りは4月に入ってから。池の西端にある弁天島周辺のサクラがもっとも早い。

井の頭公園へは吉祥寺駅から行くのがもっとも手軽だけれど、お隣三鷹駅の南口から玉川上水ぞいの遊歩道を歩くと、30分ほどで井の頭池「お茶の水」に着く。家康にまつわるこの湧き水、今では汲み上げているが、武蔵野の地下を流れる自然水であることに違いはない。

住 東京都武蔵野市御殿山、三鷹市井の頭
交 JR中央線、京王井の頭線吉祥寺駅下車、徒歩5分
☎ 0422・47・6900
花暦 マンサク・ウメ・ミズキ・トチノキ・シャガ・アジサイ

江戸東京たてもの園前広場に咲くソメイヨシノ。花見どきは大勢の人で賑わう　4月8日

サクラ

小金井公園

紀元2600年などというわけのわからない年号を記念して発足した公園だが、現在ではスポーツ施設や江戸東京たてもの園を含めて77万㎡という広さを誇る都立公園。

広々とした園内には武蔵野の雰囲気が色濃く残っており、子供連れや散策を楽しむ人たちに人気がある。

「小金井の桜」として名高い玉川上水のサクラ並木は五日市街道を走る車の排気ガス公害の影響でほぼ全滅してしまった。「小金井の桜」をなんとか復活させたいとの声が高まって植樹されたのが「桜の園」。ここには1600本ものヤマザクラをはじめ、オオシマザクラ、ソメイヨシノ、シダレザクラなど約20種のサクラが花を咲かせる。

小金井公園へ行くには、JR中央線武蔵小金井駅からバスに乗るのがもっとも手軽。

江戸東京たてもの園敷地のシュンラン。金子文子

住 東京都小金井市小金井公園他
交 JR中央線東小金井駅北口下車、徒歩20分または西武新宿線花小金井駅から徒歩20分。武蔵小金井駅、花小金井駅からバス可
☎ 042・385・5611
花暦 ウメ・ハナモモ・ツツジ・ハクウンボク

立派な山門をバックに今を盛りと咲き誇るサクラ　4月8日

サクラ

日高市聖天院《しょうでんいん》

秩父と武蔵をさえぎる奥武蔵丘陵の南端に高麗《こま》川が大きくふくらんだ地があり、この辺り一帯を高麗郷という。

今を去ること1300年もの昔、高麗郷を支配したのは朝鮮半島からの亡命者、若光《じゃっこう》一族だった。織物、陶磁器、紙漉《す》きなど、彼らが定着させた文化はすばらしく、今でも小川町の和紙漉きに受け継がれている。

その若光一族の菩提寺として創建されたのが聖天院。正しくは高麗山聖天院勝楽寺といい、大きな石を重ねた若光を祀る墓がある。

本殿（拝観料300円）を改築して面目を一新した聖天院は、ヒガンバナの大群落がある巾着田《きんちゃくだ》から歩いて30分ほどの場所にあり、西武池袋線高麗駅からのハイキングコースが設置されている。

お目当てのサクラは山門に面した高麗殿池の周辺に集まっていて、駐車場の辺りから見ると一幅の絵になる。

高麗王若光を祀る朝鮮様式の墓

住 埼玉県日高市新堀
交 JR川越線、八高線高麗川駅下車、徒歩30分
料 300円
☎ 日高市役所商工観光課 0429・89・2111
花暦 ロウバイ・ツツジ・サルスベリ

1 2 3 4 5 6 7 8 9 10 11 12

サクラと同時に花が咲くミツバツツジが絶妙な色のハーモニーを奏でてくれる　4月10日

サクラ

都幾川村慈光寺

　標高はわずか４００ｍと低くても比企《ひき》丘陵の一角を占める慈光寺まで登ると春の花はいっせいに咲く。

　サクラ、ミツバツツジ、レンギョウ、ユキヤナギ、ナノハナ、ショカッサイ。ざっと数えただけでもこれだけの花が咲くと見応えがある。

　花の競演が見られるのは4月の10日前後、車利用なら門前の駐車場まで歩くことなく到着できるし、バスの終点、西平《にしだいら》から歩いても30分強、軽い山登りと思ったらいい。

　都心からわざわざ慈光寺を登るのなら、少し足を伸ばして霊山《りょうぜん》院（P31）をぜひとも訪ねてみたい。

　慈光寺の塔頭《たっちゅう》として創建された霊山院は禅の道場として長い歴史を刻んでいる。花の数では慈光寺に勝るとも劣らないここは、花好きには忘れられない別天地である。

慈光寺に咲くナノハナとショカッサイ　4月10日

住 埼玉県都幾川村西平
交 JR八高線明覚駅から村営バス大野または奥畑線西平下車、徒歩35分。
駐車場あり
☎0493・67・0040
花暦 スイセン・レンギョウ・ヤマブキ・アジサイ

音楽寺と秩父ミューズパークは隣接しており、樹林の中にサクラが咲く　4月8日

サクラ

秩父札所音楽寺

サクラが咲く頃の音楽寺にはシダレザクラ、ハナモモ、シモクレン、ユキヤナギといった春の花が勢ぞろいする。

秩父盆地を俯瞰し、武甲山を正面に眺望できる秩父ミューズパークの一角にある音楽寺は、秩父札所23番。

サクラの咲く観音堂は舞台造りで、右手にある鐘楼は、秩父事件のとき、立ち上がった農民が打ち鳴らしたもの。梵鐘の響きは札所随一といわれている。

音楽寺から歩いて5分ほどの小鹿野峠にはサクラを背にするように13のお地蔵様が並んでいる。ここからの眺望もすばらしく、弁当を広げるのにふさわしい場所である。

音楽寺まで来たら秩父ミューズパークはすぐそこ。核心部の音楽堂まで、歩いても30分ほど、シャトルバスを待つこともないから、ひと登りしてしまいたい。

秩父のシンボル武甲山とユキヤナギ　4月8日

住 埼玉県秩父市寺尾
交 西武秩父線西武秩父駅前から秩父ミューズパーク行きシャトルバス15分、梅園下車、徒歩15分
☎ 0494・25・3018
花暦 ユキヤナギ・レンギョウ・シモクレン・サクラ・ハナモモ・スミレ

六道山公園は展望台に上がるとヤマザクラが俯瞰できる　4月13日

ヤマザクラ

瑞穂町六道山《ろくどうやま》公園

標高192mの六道山に13mの展望台をたしても200mをわずかに越えるだけだが、狭山丘陵を見下ろす眺望はすばらしい。

春が来て満開のヤマザクラが俯瞰できる場所は少なく、富士山はむろんのこと丹沢から奥多摩、奥武蔵の山々が勢ぞろいして迎えてくれる。

六道山公園のヤマザクラが満開になるのは4月10日前後。ヤマザクラの花期はソメイヨシノに比べると遅めだから、都心でのお花見をしそこねた人に喜ばれている。

六道山公園へ行くにはJR立川駅北口から箱根ケ崎行きのバスに乗り瑞穂《みずほ》農協前で下車する。所要時間は40分～50分はかかると思ってほしい。六道山公園へは数本のコースがあるが、どのコースを選んでも小1時間のハイキングになる。出かけるときは、瑞穂町役場に立ち寄り、パンフレットをもらうと心強い。

好天に恵まれると富士山も望める

住 東京都瑞穂町石畑
交 JR中央線立川駅北口から箱根ケ崎行きバス瑞穂農協前下車、徒歩45分
☎ 瑞穂町役場公園緑地係 042・557・7659
花暦 ボケ、ツツジ

サクラは狭山湖堰堤下が中心だが、湖畔にもあって風情がいい　4月10日

ヤマザクラ

所沢市狭山自然公園

都民の水ガメとして親しまれている狭山湖は、ソメイヨシノとヤマザクラを合わせると2万本といい、武蔵野を代表するサクラの名所である。

狭山湖のサクラはヤマザクラが多く、若葉と花がほとんど同時に開き出す。花期はソメイヨシノに比べるとやや遅く、4月に入ってからが盛りとなる。

冬の狭山湖はカモの越冬地として有名

狭山湖堰堤《えんてい》からは湖面をへだてて正面に富士山が望め、サクラと富士の取り合わせがすばらしいのだが、サクラの咲く季節は春霞の季節でもあり、よほどの条件が整わないと、この光景に出合うことはできない。

堰堤《えんてい》には、まるで定点観測でもするかのようにアマチュアのカメラマンが集まってくるが、傑作が撮れたという話は聞こえてこない。富士山を見るのなら、カモや冬の渡り鳥たちが渡ってくる初冬に季節を合わせたい。

住 埼玉県所沢市上山口
交 西武狭山線西武球場前駅下車、徒歩20分
☎ 所沢市役所商工観光課 042・998・9155
花暦 ソメイヨシノ・ヒメシャジン

4～6月

ガクアジサイ／ひばりが丘団地　6月19日

花の名前ドウダンは、昔の室内照明器具・結び灯台の脚に似ているのでつけられた。山田直子　4月7日

ドウダンツツジ

練馬区武蔵関公園

石神井川の水源に近い武蔵関公園は、今でもカワセミが姿を見せる富士見池を中心に整備され、近所の人たちが手軽に散歩する憩いの場となっている。

池の南の端にある芦の島はショカッサイ(別名花大根、ムラサキハナナともいう)の下生えにサクラが重なり、なんともいえない風景を見せてくれる。

芦の島に咲くショカッサイ。山田直子

武蔵関公園には、この季節トウダンツツジをはじめコブシ、ハナモモ、ヤマブキといった花が次々に咲き、ベンチに腰かけのんびりとした時間を過ごす人が多い。

カワセミが芦の島に姿を見せるのは3月に入ってからだが、孵化した雛を連れた姿が見られるようになるのは5月連休を過ぎてから。カワセミをしっかり観察したいと思ったら、7～10倍のフィールドスコープ(双眼鏡)を用意すると活動の様子がよくわかる。

住 東京都練馬区関町北
交 西武新宿線東伏見駅下車、徒歩5分または武蔵関駅から徒歩15分
☎ 練馬区西部公園管理事務所 03・3867・1189
花暦 ロウバイ・ウメ

半蔵門から桜田門にかけての桜田濠にショカッサイを交えて咲くナノハナ　4月18日

ナノハナ

皇居桜田濠

皇居半蔵門から三宅坂を経て桜田門にかけての内濠を桜田濠という。

秋になるとヒガンバナの咲く桜田濠は、皇居一周のマラソンコースとしても知られているが、4月中旬ともなるとナノハナと一緒にショカッサイが咲く。

ナノハナがまとまって咲いているのは桜田門の桜田濠側で、ここから半蔵門めがけて歩いてみよう。なんとなく近寄りがたい警視庁の建物を左に見て、ゆるく登っていくと皇居側に白い花の大群落が見える。よくよく観察すると紫色が混じっており、ショカッサイであることが確認できる。

三宅坂まで来たらちょっと道草、国会前庭園に行くとサトザクラとハナミズキが咲いているはず。再び桜田濠に戻り、足下に咲くショカッサイやナノハナをめでながら国立劇場前を過ぎると間もなく半蔵門。ここからは地下鉄半蔵門線が利用できるし、さらに足を伸ばし、千鳥ケ淵まで散歩コースを延長してもいい。

ヒガンバナは皇居側に大群落があるが近づけない

住 東京都千代田区千代田
交 地下鉄有楽町線桜田門駅下車、徒歩5分
☎ 宮内庁管理課 03・3213・1111
花暦 ショカッサイ・キツネノカミソリ

カルガモが居つく落合川は湧き水を水源にしていて、澄んだ流れにカラシナがよく似合う　4月15日

カラシナ

東久留米市落合川遊歩道

南沢の湧水地を水源とする落合川は、「これが東京の川?」と尋ねたくなるほどの清流で、カルガモが居つき、野生のタヌキ一家が姿をみせる自然環境をゆるやかに流れている。

西武池袋線の急行で19分、ひばりケ丘駅南口でおりたら自由学園を目標に歩き、さらに東久留米駅をめざすと出合うのが落合川である。

落合川の両岸には遊歩道が整備されているから、先ほど説明した自由学園、竹林公園、氷川神社、ひばりが丘団地をチェックポイントに、ぜひとも歩いてみたい。

散歩をするなら4月中旬から下旬にかけてがおすすめの季節。この頃なら落合川は「カラシナの花で埋めつくされる」と表現してよく、そのほかにもショカッサイ、レンギョウ、モクレン、スモモ、ウワミズザクラ、オオデマリといった花が咲き、軽い半日散歩が楽しめる。

遊歩道わきの民家に咲くスモモ　4月10日

住 東京都東久留米市浅間町他
交 西武池袋線ひばりケ丘駅南口下車、徒歩20分
☎ 東久留米市役所企画広報課 0424・70・7777
花暦 ウメ・サクラ・カントウタンポポ

小規模な河岸段丘にはさまざまな花が咲くが、ナノハナがひときわ目につく。中林昌利　3月30日

ナノハナ

所沢市・清瀬市柳瀬川遊歩道

「菜の花畑に入日薄れ」と唄う菜の花は実のことをいうと漬け物で有名な野沢菜の花のこと。ナノハナとは大ざっぱないいかたで、カラシナもあればチリメンハクサイもある。

　ここ柳瀬川遊歩道に咲くのは正真正銘のナノハナ、電気が通じるまでは灯明台の光源としてなくてはならぬ原料だった。

　さて、そのナノハナが咲く柳瀬川だが、前項で紹介した落合川に勝るとも劣らない清流。左岸の所沢市側には土手につかず離れずで遊歩道が設置されている。

　清瀬金山緑地公園からコースの終点となる滝の城址（P25参照）まで、歩くだけなら40分程度の散策が楽しめる。

　コース途中から訪ねる東幅寺（P21参照）は、この近辺では花の多く咲く寺として知られている。

土手に咲くレンギョウと富士山。中林昌利

住 所沢市本郷、清瀬市下宿
交 西武池袋線清瀬駅北口から台田団地行きバス10分、下田下車、徒歩10分
☎ 所沢市商工観光課042・998・9155 または清瀬市役所企画広報課0424・92・5111
花暦 ウメ・ユキヤナギ・ハナモモ・ヒメオドリコソウ

サクラとナノハナが同時に楽しめるとあって首都圏ではもっとも人気の権現堂堤。徳田桂子　4月4日

ナノハナ

幸手市権現堂堤

　武蔵野の東、旧利根川堤防の権現堂堤は、サクラとナノハナが同時に咲くことで有名な花の名所である。「ふるさとの並木道・権現堂桜づつみ」には、約1000本のソメイヨシノと5万㎡のナノハナ畑が広がっている。

　花の最盛期は4月上旬。桜まつりの期間中、夜間はライトアップされ、臨時バスの便数も多くなる。

　権現堂堤へ行くには東武伊勢崎線幸手駅からバスを利用する。バス停の権現堂からもの1分も歩くと2kmもあるサクラ並木が始まる。ナノハナ畑はサクラ並木から一段下がった場所にあり、近寄っていくとナノハナ特有の香りに包まれる。

　権現堂堤のサクラはソメイヨシノで、このサクラは実生《みしょう》からの増殖はできず、もっぱら挿し木に頼るしか方法ないらしい。

　サクラの名前のいわれには諸説があって定かでないが、古事記に登場する美女・木花《このはな》之開耶姫《さくやびめ》の開耶《さくや》から出たという説が有力である。開耶は「咲く」を意味し、サクヤがサクラに変化した。

　権現堂堤を訪ねたら、すぐ近くにある行幸《みゆき》湖は忘れずに立ち寄りたい。

住 埼玉県幸手市権現堂
交 東武伊勢崎線幸手駅から五霞町役場行きバス15分、権現堂下車、徒歩1分。桜まつり期間(4月1日～15日)中は臨時運転がある
☎ 幸手市役所商工観光課 0480・43・1111
花暦 サクラ

将軍家の大名庭園であった浜離宮庭園に咲くサトザクラ　4月24日

サトザクラ

浜離宮庭園

国の特別名勝、特別史跡に指定されている浜離宮恩賜庭園は、将軍家の鷹狩りの場であったが、その後さまざまな経緯を経て十一代将軍、家斉《いえなり》の時代に、現在の庭園が完成した。

潮の干満によって水位が変わる汐入りの池を中心に設計された浜離宮庭園は、四季の花が絶えない都立公園。汐入りの池周辺に咲くサトザクラのほかにもロウバイ、ナノハナ、ボタン、ハナショウブ、アジサイ、サルスベリ、ヒガンバナ、コスモスといった花が咲く。

浜離宮庭園へ行くには新橋駅銀座口または地下鉄大江戸線築地市場駅を利用するのが一般的だが、浅草と日の出桟橋を結ぶ水上バスに乗る方法もある。浅草から35分、日の出桟橋から5分、川風を受けながらの船旅は陸の上からの訪問とは違った魅力がある。

手入れのすばらしいボタン園には大柄の花が咲く

住 東京都中央区浜離宮
交 新橋駅銀座口下車、徒歩10分または地下鉄大江度線築地市場駅から徒歩7分
時 9時～17時
料 300円　休 年末年始休
☎ 03・3541・0200
花暦 ロウバイ・ナノハナ・ヒガンバナ・コスモス

山門につづく参道わきに咲くサトザクラ。境内にはほかにシダレザクラなどのサクラが次々に咲く　4月16日

サトザクラ

西東京市如《にょ》意《い》輪《りん》寺

　ゆったりとした如意輪寺境内はロウバイを筆頭にウメ、シダレザクラが次々と咲き、サトザクラが満開になるのは4月の20日前後。仁王門と組み合わせると写真になる。

「昔はヤエザクラといったのに、いつの間にかサトザクラになってしまった」と思っている人が案外多い。サトザクラのサトは里で、自然種であるヤマザクラの山に対応すると理解すればいい。サトザクラは園芸種の総称で八重桜だけを指すのではなく、接ぎ木、挿し木など人の手を借りないと保持できないサクラなのだ。

　武蔵野観音第4番札所の如意輪寺は、明治25年(1892)の火災でほとんどの建物を焼失、現存するのは観音堂と山門、鐘楼などしかない。

　如意輪寺は、西武池袋線ひばり丘駅南口で下車したら徒歩25分。道順はややこしいので駅前の交番で聞くといい。

大雪にもめげず咲いているロウバイ

住 東京都西東京市泉町
交 西武池袋線ひばりケ丘駅南口下車、徒歩25分。駐車可
☎ 0424・21・3014
花暦 ロウバイ・ウメ・シダレザクラ・ネムノキ・ハギ・サザンカ

サクラの遺伝子保存のためにある保存林には250種ものサクラが花をつける　4月20日

うつむきかげん、花は下むきに咲くカンヒザクラ

サトザクラ

八王子市多摩森林科学園

元はといえば宮内庁の林業試験場だった多摩森林科学園は、現在、サクラの遺伝子を保存する保安林として一般に開放するようになった。

多摩森林科学園の中央を占める保存林は8万㎡もあり、250種、2000本のサクラが植えられている。U字谷の斜面を巧みに生かした遊歩道を歩くと要所、要所に解説板があり、ネームプレートもしっかりしている。

多摩森林科学園に入ると、まず「見学者のしおり」がもらえるが、見学に先だち必ず目を通しておきたい。

サクラの花期は2月中旬から5月中旬と長いが、大半のサクラが咲きそろうのは4月中旬。ここはなんといってもサトザクラがすばらしい。

多摩森林科学園へはJR中央線高尾駅前からバスも出ているが、歩いても10分で着く。

住 東京都八王子市廿里
交 JR中央線、京王高尾線高尾駅下車、徒歩10分
時 9時30分〜16時
料 300円　休 月曜
☎ 0426・61・0200
花暦 カンザクラ・ヤエベニシダレザクラ・ボタンザクラ・イチハラトラノオ

カントウタンポポが保護されているのは陸上競技場の近く、すぐそばに桜並木がある。中林昌利　4月18日

カントウタンポポ

練馬区光が丘公園

地下鉄大江戸線の終点、光が丘駅に近い光が丘公園は、カントウタンポポを保護している貴重な存在である。

春にしか花をつけないカントウタンポポと、ほぼ周年開花するセイヨウタンポポでは繁殖力に差が出るのは当然で、カントウタンポポの群生地が年々少なくなっている。

60万㎡という広大な敷地を持つ光が丘公園は、スポーツ施設から図書館、バードサンクチュアリーまで備えた総合公園。この公園は花が多く、ロウバイ、カンツバキ、マンサク、ウメ、レンギョウ、カイドウ、ハナミズキ、トサミズキ、タイサンボク、アジサイ、エンジュ、キョウチクトウ、サルスベリ、ハギ、サザンカといった花が咲く。

その中でもカントウタンポポやサクラ並木、そしてハナミズキなどはまとまって咲くことで花見にやって来る人がたくさんいる。

光が丘公園のシンボル「光のアーチ」。中林昌利

住 東京都練馬区光が丘
交 地下鉄大江戸線光が丘駅下車、徒歩8分
☎ 03･3977･4125
花暦 ロウバイ･サクラ･ハナミズキ･ユリノキ･サザンカ

サクラソウ

北区浮間公園

10万株のサクラソウが整然と咲き競う桜草圃場　4月21日

浮間公園のサクラソウ圃場《ほば》は、小さいながらも手入れが抜群で、花に近寄れるのがうれしい。花の咲く季節なら、鉢植えのサクラソウも販売される。

かつては荒川の河川敷で、野生種のサクラソウが辺り一面に咲いていたという浮間だが、河川改修と宅地造成の影響をまともに受け、絶滅の危機を迎えてしまった。

江戸の昔からサクラソウは盛んに栽培され、庶民の間にも品種の改良や花を大切にする伝統が現在も受け継がれている。絶滅の危機を救ったのは浮間桜草保存会。浮間公園の一角に圃場《ほば》を確保、野生種を繁殖させている。

サクラソウの花期は4月中旬から下旬までとごく短く、うっかりするとチャンスを失してしまう。

浮間公園へはJR埼京線浮間舟渡駅から歩いて3分、公園内に入ったら右側を注意すればすぐにわかる。

池を中心に整備された浮間公園

住 東京都北区浮間
交 JR埼京線浮間舟渡駅下車、徒歩3分
時 9時～16時30分（4月中旬～下旬、開花期のみ開園。公園内は出入り自由）
☎ 03・3969・9168
花暦 サクラ・サクラソウ・クルメツツジ・カキツバタ

国の特別天然記念物に指定されている田島ケ原のサクラソウは純日本種　4月13日

サクラソウ

さいたま市さくら草公園

　さいたま市に属する田島ケ原は荒川の河川敷にあって「さくら草公園」という。

　純日本産のサクラソウは、荒川が氾濫を繰り返すうちに上流から種が流れ着いて、田島ケ原に定着したと考えられている。

　サクラソウはツツジと共に江戸時代に園芸化が進んだ花といわれる。鷹狩りに興じた徳川家康がその美しさに惚れ、江戸城に持ち帰ったそうで、この説話が園芸化に拍車をかけたらしい。

　さくら草公園のサクラソウは4月の下旬に花の盛りを迎える。この季節の田島ケ原は、ノウルシの黄色いじゅうたんにピンクのサクラソウがマッチして、見事な光景を演出する。

　さくら草公園へはＪＲ浦和駅西口と東武東上線志木駅北口を結ぶバスを利用することになる。公園には駐車場もあるから車が利用できる。

接写するとかわいいオオイヌノフグリ

住 さいたま市桜区西堀
交 JR浦和駅西口から志木駅北口駅行きバス20分、さくら草公園下車、徒歩5分。駐車場あり
☎ 048・886・3200
花暦 ユキヤナギ・レンギョウ・サクラ類・ノウルシ・ノビル・キツネノカミソリ

公園中央から清水門に向かう道は紅白のハナミズキが並木となっている　4月27日

ハナミズキ

皇居北の丸公園

当時の東京市長だった尾崎行雄がワシントンのポトマック河畔にサクラを寄贈した返礼にアメリカから贈られたのがハナミズキで大正4年（1915）のことである。

アメリカヤマボウシの別名があるこの花は、花を包むように大きな4枚の総苞片がある。一般的に花といわれているのは実はこの総苞片で、花が散ると共に落ちてしまう。

ハナミズキの花期はサトザクラとほぼ同じで4月下旬が盛りと考えれば間違いない。

皇居北の丸公園のハナミズキは日本武道館と科学技術館のほぼ中間、清水門側に並木になっていて、紅白の花が咲く。木の丈はサクラの大木ほどはあってなかなか立派。ハナミズキがこれほど大きく育つのは全国的に珍しい。

北の丸公園へ行くとしたら隣接する皇居東御苑（P85参照）はぜひとも訪ねてみたい。この季節ならツツジが見事だ。

田安門わきに咲くショカッサイ　4月3日

住 東京都千代田区千代田
交 地下鉄東西線竹橋駅下車、徒歩8分。駐車場あり
☎ 03・3211・7878
花暦 マンサク・フクジュソウ・スイセン・サクラ類

かつて北条氏照に仕えた平山氏の居城だった藤橋城址は、現在でも土塁と空堀が残っている　5月3日

レンゲソウ

青梅市藤橋城址

　レンゲソウが咲いているのは青梅市の指定史跡、藤橋城址背後に広がるひろびろとした休耕田。「やはり野に置けレンゲソウ」ではないが、一面に広がるピンク色のじゅうたんを見ると、古きよき時代の日本を思い出してしまう。

　正式名称は漢名翹揺の音読みゲンゲだけれど、ここでは一般的に通用しているレンゲソウで通すことにする。レンゲソウは花の形がハスの花に似ているから。ひとつひとつの花は空を舞うチョウに似ている。これは、フジ、ハギなどマメ科の花に共通した特徴である。

　藤橋城は北条氏の滅亡と共に落城し、現在では公園として整備されている。

　藤橋城址へ行くには、JR青梅線河辺駅北口から入間市駅行きのバスに乗り、今寺榎下車。交差点にある交番で聞くのがいちばん。藤橋城址を訪ねたら、ついでにツツジで名高い薬王寺まで歩くと約25分、格好な散歩コースとなる。

ウラシマソウ　宿谷敏勝　4月28日

住 東京都青梅市藤橋
交 JR青梅線河辺駅北口から入間市駅行きバス8分、今寺榎下車、徒歩7分
☎ 青梅市郷土資料室　0428・23・6859
花暦 サクラ類・ツツジ・レンゲソウ・ウラシマソウ・シャガ・ヤマユリ

開花して間もないレンゲソウ。リング状の花はマメ科の特徴を備え、チョウに似ている。高橋いく　5月12日

レンゲソウ

さいたま市見沼たんぼ加田屋新田

レンゲソウの咲く見沼たんぼ加田屋新田へ行くには、浦和市西口からバスを利用、さぎ山記念公園から歩くことになる。

昭和30年代まではごく見慣れた風景だったのに、田植えの時期が早まるにつれ、レンゲソウが姿を消すことになる。緑肥としてのレンゲソウは化学肥料に変わり、独特な香りのする蜂蜜も外国産に頼るようになってしまった。

見沼たんぼは、中心を流れる芝川のほかに見沼代用水東縁《べり》と西縁が流れている。めざす加田屋新田へは東縁ぞいに北（大宮方向）に向かい、締切橋を左折、小さな流れを渡った先がレンゲソウ畑となっている水田地帯だ。

近くには、この一帯の開墾に尽力した名主・坂東家（加田屋）の茅葺き住宅が現存しているほか、一服にいい喫茶「蔵の画廊」もある。

開花直後のレンゲソウ。高橋いく　5月12日

住 さいたま市見沼区加田屋新田
交 JR浦和駅西口から①番バス25分、さぎ山記念公園下車、徒歩15分
☎ さいたま市公園管理事務所　048・886・3200
花暦 アザミ・コスモス

雨が降ったり、気温が低いと温度に敏感なチューリップは花弁を広げてくれない　4月17日

チューリップ

横浜公園

横浜公園のチューリップは、横浜スタジアムを取り囲むように公園内を埋めつくす。4月の第3週から始まるチューリップまつりは、ちょうど花の見頃。見物に出かけるときは、暖かい日を選ぶと花の開きがいい。

中央アジアの砂漠を原産地とするチューリップは、トルコ語のターバンを意味するツリバムから変化したといわれる。2600種もあるチューリップは、花弁6枚の一重咲きのほか、ユリ咲き、八重咲き、花弁にフリルのあるパロット咲きなど、しっかり観察するとさまざまなタイプがあることがわかる。

明治9年（1876）洋風公園として開園した横浜公園は横浜中華街と隣接しており、ものの5分で中華街の中心、関帝廟に着く。となればランチタイムは当然、中華街でということになる。

横浜球場を取り囲むように咲くチューリップ

住 神奈川県横浜市中区横浜公園
交 JR根岸線、地下鉄関内駅下車、徒歩5分
☎ 横浜市中部公園緑地事務所 045・711・7802
花暦 サクラ類・シバザクラ

2万3000株あるといわれるチューリップは、第二花壇を中心に品種別に整然と植えられている　4月18日

チューリップ

日比谷公園

ウメ、スイセンとつづいた日比谷公園春の花暦はチューリップとサクラで頂点をきわめる。

明治36年（1903）、日本初の洋式庭園として開園した日比谷公園は、幕末まで松平肥後守の屋敷があった場所。公園設計を担当した本多静六博士は、自分の命を賭けて移植したイチョウの大木が今も松本楼（年に一度の10円カレーが有名なレストラン）の近くに育っている。

この季節はチューリップのほかにもムスカリ、ナノハナ、レンギョウも咲くから、ゆっくり時間をとり、公園内を散策したい。

日比谷公園からは濠ひとつを渡れば皇居前広場、すぐ近くには皇居東御苑と北の丸公園が控えているし、新築間もない丸ビルへ行き、好みの店でランチタイムにするのもいいだろう。

色とりどりの花が満開の第一花壇

住 東京都千代田区日比谷公園
交 地下鉄日比谷線、三田線、千代田線日比谷駅A10出入口から徒歩3分。地下鉄霞ケ関、有楽町、新橋の各駅も利用しやすい
☎ 03・3501・6428
花暦 スイセン・サクラ類

玉川上水の取入口に近く、羽村駅からの散策コースを歩くと春ののどかさを実感できる　4月22日

チューリップ

羽村市根搦前《ねがらみ》

元はといえば市内街路樹の根元を飾るために栽培していた根搦前のチューリップが、羽村市民の絶大な支持を得て公開するようになった。

根搦前のチューリップ畑は、羽村市の玉川上水第一取入口から多摩川の上流に向けて200mほど行った位置にあり、サクラ並木にそって散歩ができる花見の名所にごく近い。

チューリップ畑を囲むように咲くナノハナ

チューリップが咲くのは、サクラの盛りからやや遅れ、4月の中旬になってから。根搦前の周辺には、禅福寺や一峰院、阿蘇神社といった由緒ある神社仏閣があり、花をめでながら訪ねるといい。

禅福寺の山門は、切妻造り、茅葺きで室町時代の建造物。一峰院の山門は江戸時代の宮大工、小林播磨が粋をこらした傑作で二階建て、階上は鐘楼になっている。平将門《たいらのまさかど》建立と伝えられる阿蘇神社は、ここ羽村市ではもっとも古い神社である。

住 東京都羽村市羽中
交 JR青梅線羽村駅下車、徒歩20分
☎ 羽村市観光協会 042・555・6211
花暦 サクラ類・ハルシャジン・シャクヤク・ハス・ススキ

エビネ

町田エビネ園

林間の斜面に咲くキエビネは10万株といわれている。高橋重麿　5月7日

世界で3万5000種あるといわれるラン科の花の中で、日本原産なのがエビネ。この植物は、地中に連なる根茎がエビの尾に似ていることに由来している。

こもれ陽が射す林間の斜面にエビネが咲く町田エビネ園は4月下旬から5月中旬までエビネが咲く期間に限って開園する施設。ここに咲くのは主にキエビネで、その数、10万株といわれている。ここを訪ねるのならクマガイソウが咲く5月上旬がいい。

エビネの花は近づいてよく見ると、いちばん下に3つに裂けた唇弁《しんべん》がある。花の中心が「ずい柱」で雄しべと雌しべがくっついている。その上に斜め上方に細く開いているのは側花弁、さらにその後に幅の広く見えるのは萼《がく》で、この部分は花ではなく葉の領域に属している。さらに解説をつづけると唇弁というのは、左右相称の花の中で唇状に見える花弁のことである。

エビネとともに花をつけるクマガイソウ

住 東京都町田市本町田
交 小田急線町田駅(バスセンター)から鶴川行きバス15分、薬師池下車、徒歩3分
時 9時30分〜16時(開園期間は4月下旬〜5月中旬)
料 300円
☎ 町田市公園緑地課
042・793・7611

水車の回るのどかな風景がなつかしい山吹の里。井上敬三　4月22日

ヤマブキ

越生《おごせ》町山吹の里

「七重八重、花は咲けども山吹の　実の一つだに　なきぞかなしき」

太田道灌《どうかん》に贈った和歌で知られる山吹の里がここ越生であることは、残された古文書の記述から、ほぼ間違いないといわれている。

関東三大梅林で有名な越生駅の東側、越辺《おっぺ》川を渡った山裾には、3000株ものヤマブキが咲く山吹の里がある。

水車がのどかに回る山吹の里が一重や八重のヤマブキの花で賑わうのは4月20日前後、水車わきからの切通しは、両側にヤマブキの花がたくさん咲いている。

この季節はちょうど五大尊のツツジ（P89参照）が咲きはじめる頃、できることなら両方の花を一緒にめでてしまいたい。

山吹の里から五大尊へ行くには、いったん越生駅前に戻る。観光案内所角を右折したら町役場をめざし、少し進むと左側に五大尊への登り口が見えてくる。

越生町はウメとユズが町の特産品で、梅干はもちろんのことウメジャムやユズ酢、ユズを粉末に処理した品など、越生ならではのみやげ物がある。駅に近い「よしひろ」のそば、男酒の誉れ高い地酒の「来陽」も越生名物のひとつである。

住 埼玉県越生町西和田
交 東武越生線越生駅下車、徒歩10分。駐車場あり
☎ 越生町役場経済課　049・292・3121
花暦 ウメ・サクラ・ヤマブキ

武蔵野特有のハケに面した中村研一美術館は湧き水を水源にした池があり、シャガが乱れ咲く　4月5日

シャガ

小金井市中村研一美術館

中村研一美術館のシャガが盛りになるのは4月中旬から下旬にかけて。この美術館は武蔵野のハケ地形に面しており、裏庭には池の底からこんこんと水が湧き出している。

アヤメ科アヤメ属シャガ。湿っぽい林間を好む植物で、ソメイヨシノが咲きはじめる季節には咲きはじめ、ソメイヨシノが散り、サトザクラが花期を終えても咲きつづける。シャガは一日花で二日ともたないが、繁殖力はきわめて強く、群生するので、なん日も咲きつづけるものと錯覚するのだ。

中村研一美術館に入るには入館料がいるが、わきにある門から庭の花や湧き水を見たい人のために無料で開放されている。美術館のシャガが満開になる季節は、すぐ近くを流れる野川のシダレザクラやハナミズキの並木が美しい季節でもある。

四角い石組みの中からこんこんと清水が湧いている

住 東京都小金井市中町
交 JR中央線武蔵小金井駅南口下車、徒歩20分
時 10時～18時　冬期は17時まで
料 700円
休 月・木曜
☎ 042・384・9800

ヒトリシズカの花には花弁も萼（がく）もなくもっとも単純な構造をしている。清水卯平　4月2日

ヒトリシズカ

横瀬町山の花道

奥武蔵丘陵日向《ひなた》山６２７ｍの北東斜面にある「山の花道」は、あしがくぼ果樹公園村の最上部に位置しているといったら、わかりやすいだろうか。

山の花道は北斜面に咲くカタクリを目玉商品にしているが、ロウバイの若木を大量に植栽中で、５年もたてば新名所になるかもしれない。

ここのカタクリは花の色が濃い。清水卯平

カタクリもいいが、山の花道でのおすすめはヒトリシズカ。静御前に見立てられる奥ゆかしさに惹かれるせいか盗掘が多く、野生に近い状態で見られるのは珍しい。

ヒトリシズカは葉の中心から花穂を一本だけ伸ばす。花には花弁も萼《がく》もなく、はだかの花である。

「山の花道」は、山の斜面を横切るように沢筋に達し、大きく迂回しながら元の駐車広場に戻るようにレイアウトされている。

住 埼玉県横瀬町芦ケ久保
交 西武秩父線芦ケ久保駅下車、徒歩約1時間。駐車場あり
☎ 横瀬町観光協会 0494・25・0114
花暦 ロウバイ・セツブンソウ・カタクリ・アズマイチゲ・イカリソウ・スミレ

ミミガタテンナンショウ 秩父札所観音院

花序をカバーする仏炎苞の筒口が後から見ると耳たぶに似ていることからミミガタの名がついた　4月10日

ハナモモが満開になる4月中旬の観音院は、少し手前の観音茶屋（手打ちそばが名物）の辺りからハナモモが随所に咲き、桃源境にやって来たと錯覚するほど美しい。

短いトンネルをくぐり、仁王門から296段の石段を登るのが観音院、秩父31番札所である。

「厄除けの石段」は林間に刻まれており、呼吸の乱れをいやしてくれるのがミミガタテンナンショウである。テンナンショウの仲間は、花序を覆う仏炎苞《ぶつえんほう》の先が糸のように伸びる種があるし、ウラシマソウは花序の先が釣糸のように見えることから命名されたらしい。

テンナンショウは雌雄異株で、雌株が成長を重ねると雄に性転換する。奇妙なのは花の姿だけではなく、おもしろい特徴を持った植物なのだ。

観音院のミミガタテンナンショウは、ハナモモが満開になる4月中旬が見頃で、石段を登るとき、足下を注意していれば必ず目につく。

観音院入口に咲くハナモモ　4月10日

住 埼玉県小鹿野町飯田観音
交 西武秩父線西武秩父駅から栗尾行きバス終点下車、徒歩30分。駐車場あり
☎ 0494·75·3300
花暦 サクラ・ツツジ・シュウカイドウ

源氏の武将・熊谷次郎直実（なおざね）が味方用の目印に使った母衣（ほろ）に似ているからついた名前　5月1日

クマガイソウ

大宮・尾島家

見事に手入れされた竹林に群生するクマガイソウは約4000株、日本のランの仲間では花がもっとも大きく見栄えがいい。

花が満開になるのは5月連休の直前、連休後では遅いと思ってほしい。

見沼たんぼの一角、さいたま市御蔵《みくら》にある尾島家は、屋敷林に囲まれた屋敷の庭が開放されており、200円の入場料を払うと、さまざまな花に出合うことができる。クマガイソウが立派であることは、推して知るべし、尾島家に咲く花はすべて勢いがいい。クマガイソウの季節ならボタン、シバザクラ、アマドコロ、イカリソウといった花が見頃を迎えている。

尾島家を訪れたら、すぐ近くには小熊家の長屋門と茅葺きの住宅があり、かつての武蔵野の雰囲気を色濃く感じる。

竹林の斜面に咲くクマガイソウ　5月1日

住 埼玉県さいたま市御蔵
交 JR浦和駅西口から宮下行きバス25分、御蔵騎西屋前下車、徒歩10分。駐車可
料 200円
☎ 048・685・0446
花暦 イカリソウ・シバザクラ・ボタン・アマドコロ・フジ・シャクナゲ

本堂裏手の野草園には50株前後のクマガイソウが咲き競っている。金子文子　4月25日

クマガイソウ

熊谷市幸安寺

文亀2年（1502）が創建の幸安寺は、画家の渡辺華山の藩主・三宅総衛門の菩提寺で「花の寺」として知れ渡っている。

ボタンの花が見頃を迎えるゴールデンウィーク前後は、数百株のボタンが境内狭しと咲き競っている。

幸安寺はボタンの寺としても有名　4月25日

ボタンと共に忘れられないのがクマガイソウ。平敦盛《たいらのあつもり》を討った熊谷直実《なおざね》の母衣《ほろ》に似ていたのに対して、同じ仲間のアツモリソウは討たれた平敦盛の母衣に似ているとされ、語呂合わせみたいなもの。アツモリソウの花は淡紅色で山地に咲き、クマガイソウと共に絶滅の危険にさらされた稀品種。残念ながら一緒に見ることはできない。

幸安寺へ行くには、JR高崎線篭原駅でおりたら歩くかタクシーを利用することになるが、駐車場があるのでマイカー利用も考えられる。

住 埼玉県熊谷市三ケ尻
交 JR高崎線篭原駅下車、徒歩30分。駐車場あり
☎ 048・532・3600
花暦 ツツジ・ボタン・ボダイジュ・アジサイ

1 2 3 4 5 6 7 8 9 10 11 12

ムサシノキスゲ

府中市浅間山公園

浅間山公園はムサシノキスゲが自生する全国唯一の場所で、貴重な存在である。

コナラ、クヌギ、エゴといった武蔵野の雑木林が茂る浅間山公園は、古多摩川の浸食から逃れた多摩丘陵のひとつ。上流から運ばれたキスゲが定着して亜種となり、ムサシノキスゲというようになった。

ムサシノキスゲは一日花でニッコウキスゲと同じ仲間なのだが、ニッコウキスゲが夕方になると花がしぼんでしまうのに、この花は24時間、もつという。

ムサシノキスゲは5月中旬の10日間ほどしか咲かないから、時期をずらすとチャンスを失ってしまう。

花が咲く季節になると、地元の保護団体が保護を兼ねて案内のテントを張っており、会員の撮った作品を展示している。同時に咲くキンラン、ギンランの咲いている場所を教えてくれる。

陽射しを好むムサシノキスゲは間伐地に多く咲く　5月17日

キンラン（左）とギンラン（右）　5月8日

住 東京都府中市浅間町・若松町
交 JR中央線武蔵小金井駅から府中駅行きバス20分、浅間町下車、徒歩5分
☎ 042・361・6861
花暦 イチヤクソウ・ヒトリシズカ

同じ仲間のヒメジョオンと見分けるのは簡単で、ヒメジョオンの茎は中空　5月3日

ハルジョオン

羽村市玉川上水

ハルジョオンにヒメジョオン。繁殖力が強く、日当たりのいい場所ならどこにでも見られる身近な花である。

　いずれも北アメリカを原産地とするこの花は、幕末の頃には観賞用の花として存在し、かなり高価だったらしい。花期は4月から10月ときわめて長く、サクラが散った季節が花の最盛期といえるのではないだろうか。

ハルジョオンはつぼみのうちはうなだれ気味

　花を見ただけではハルジョオンが淡紫色から白色なのに対し、ヒメジョオンは白色から淡紫色で区別はしにくい。

　双方を見分けるにはコツがあり、茎とつぼみに注目する。ハルジョオンは茎が中空で、つぼみはうなだれ気味なのに対して、ヒメジョオンは茎に白い髄が詰まり、つぼみは直立している。

　ハルジョオンは、わざわざ見にいくまでもない身近な花だけれど、花に興味を持つキッカケにでもなればと思い、あえて紹介することにした。

住 東京都羽村市羽東
交 JR青梅線羽村駅下車、徒歩20分
☎ 羽村市観光協会 042・555・6211
花暦 ソメイヨシノ・ツツジ・ヒメジョオン

仁王門から本堂にかけて丸く刈りこまれたツツジは色とりどりの花をつける。金子壮一　4月13日

ツツジ

川崎市等覚院

　等覚院は別の名を「ツツジ寺」というほどツツジがたくさんある寺。とくに山門から本堂へ向かう30段ほどある石段の両わきは、見事に刈りこまれたキリシマツツジが妍を競っている。

　樹齢100年を越えるツツジは赤を中心に白、紫、ピンクがバランスよく配置されている。

　本堂に詣で、左手にある庭は大柄な花をつけるオオムラサキと背景になる山側のキリシマツツジのコントラストがすばらしい。

　関東36不動霊場第6番札所の神木《しぼく》山等覚院は、現存する本堂が安政3年（1856）に建立された古刹である。

　花の盛りは例年5月連休の頃で、大勢の花見客で賑わうことになる。

　日本は野生種のツツジが多いことで、世界のトップクラスに入る。野生種だけでも約40種、その識別には専門家ですら首をひねるほどむずかしいらしい。

　等覚院へ行くには、地下鉄半蔵門線が直通運行する溝の口駅からバスを利用するのが便利で、溝の口にはJR南武線も通じている。そのほか小田急線登戸駅からバスに乗るルートもあり、アクセスに恵まれている。

住 神奈川県川崎市宮前区神木本町
交 JR南武線、東急田園都市線溝の口駅下車。①②乗り場からバス8分、神木本町から徒歩10分。小田急線登戸駅からバスの便あり。駐車場あり
☎ 044・866・4573

1 2 3 4 5 6 7 8 9 10 11 12

ツツジからサツキへ。見事な刈りこみが織りなす色模様はすばらしい景観　4月27日

ツツジ

皇居東御苑

皇居東御苑は東京のシンボル的存在であり、苑内に入ったとたんにチリひとつ落ちていない清潔さに驚かされる。

　東京に生まれ育って半世紀をゆうに超えるが、皇居東御苑へ行ったのは比較的最近のこと。「そういえば…」という人もきっと多いはずだ。

　ツツジの手入れは正に芸術的。ツツジは通常、丸く刈りこむが、ここでは曲線あり、直線ありで変化に富んでいる。モザイク模様と表現したらいいのだろうか。複雑な花模様のじゅうたんを目の前にすると感激で声が出なくなる。

　皇居東御苑のツツジは4月下旬に咲きはじめ、サツキとハナショウブが一緒に咲く6月上旬までつづくが、花の盛りは5月連休の頃。利用しやすいのは地下鉄の大手町駅か竹橋駅だが、東京駅丸の内中央口から新装となった丸ビルを横目に歩いてもいい。

サツキを前景にハナショウブが咲く　5月30日

住 東京都千代田区千代田
交 地下鉄大手町駅下車、C10出入口から徒歩5分またはJR東京駅丸の内中央口から徒歩15分
時 9時〜16時30分（11月〜2月は16時まで）
休 月・金曜
☎ 宮内庁 03·3213·1111

江戸時代から始まったツツジの名所で、根津神社には50種、3000株の花が咲き競う　4月21日

ツツジ

根津神社

五代将軍徳川綱吉が創建した歴史的建造物は、本殿をはじめ拝殿、透塀、唐門などが国の重要文化財に指定されている。

根津神社は江戸の昔からツツジの名所として庶民に人気があり、現在ではキリシマツツジを筆頭にリュウキュウ、カラフネ、オオムラサキなど50種、3000株。ツツジ山は西側にあり、花の群落を縫うように遊歩道が整備されている。

花の盛りは4月の下旬。5月の連休の頃になると少々遅いので気をつけたい。

ツツジの咲く季節になると境内には露店が並び、野点や餅つきのイベントも開かれる。

根津神社は古き東京の下町情緒をたっぷりと残す「谷《や》根《ね》千《せん》」の一角にあり、この機会を逃さず、一帯を散策するといい。その場合はJR日暮里駅下車が便利、谷中霊園からあかじ坂を目標にするといい。

丘陵状の斜面に咲くツツジはとても見やすい

住 東京都文京区根津
交 地下鉄千代田線根津駅下車、徒歩5分
☎ 03・3822・0753
花暦 キリシマ・カラフネ・リュウキュウ・ハナグルマ

カヤ葺き寄せ棟造りの本堂裏には1万5000株のツツジが咲くつつじ園がある　5月13日

ツツジ

青梅市塩船観音寺

花の寺として有名な塩船観音寺は、ツツジとアジサイがほとんど同時に咲く季節はたいへんな賑わいになる。

茅葺きの仁王門をくぐり、阿彌陀堂を眺めながら石段を上がると、国の重要文化財に指定されている本堂に着く。寄せ棟造り、これまた茅葺きの堂々としたたたずまいに思わずエリを正したくなる。

お目当てのツツジは本堂裏がつつじ園になっている。山の斜面を半球状に造園、1万5000株のツツジが植栽されている。花の最盛期は5月連休の直後、ツツジが見やすくなっているのはいいのだが、随所に立つのぼりがわずらわしく、いっそのこと撤去したほうが、よほどすっきりする。

塩船観音寺へ行くにはJR青梅線河辺駅からバスが発着している。

花菖蒲園に近いアジサイの群植　5月15日

住 東京都青梅市塩船
交 JR青梅線河辺駅から西東京団地行きバス15分、塩船観音寺入口下車、徒歩8分
時 8時～17時
料 300円（ツツジ開花期）
☎ 0428・22・6677
花暦 サクラ・ヤマユリ

山門に通じる参道両わきにあるツツジの垣根　5月8日

ツツジ

飯能市能仁《のうにん》寺

小学校の遠足定番コースの天覧山《てんらんざん》の山麓に位置する能仁寺は、明治維新の飯能戦争のとき、振武軍本陣となったため、本堂などが焼失したという歴史の1コマが刻まれた古刹である。

能仁寺のツツジは、まず天覧山にあるヤマツツジが、4月上旬に咲きはじめる。

刈りこみの見事なウメと能仁寺仁王門　3月12日

ヤマツツジは花冠の上面に濃紅色の斑点があり、春葉はほとんど落葉するが、夏葉は冬を越すおもしろい性質を持っている。

立派な山門前の通りに面した垣根はツツジの生垣で、5月の連休の頃が花の最盛期、色とりどりのツツジが咲いて、思わず足をとめてしまう。

せっかく能仁寺まで来たのなら、天覧山へはぜひとも登ってみたい。天覧山の標高は194・6m、ヤマツツジのトンネルをくぐりながら、20分もあれば山頂に着いてしまい、春の花を満喫できる。

住 埼玉県飯能市飯能
交 西武池袋線飯能駅前から原市場、名栗方面行きバス10分、天覧山下下車、徒歩3分
☎ 飯能市役所商工観光課 0429・73・2111

長徳寺の境内にある五大尊のツツジは樹齢400年の古木を含め4万株。栗田義一郎　4月29日

ツツジ

越生《おごせ》町五大尊《ごだいそん》

越生町五大尊の正式な名称は長徳寺といい、有名なつつじ園はその境内にある。

五大尊というのは、長徳寺本堂に祀る不動明王をはじめ降三世《こうさんせい》、大威徳《だいいとく》、軍茶利《ぐんだり》、金《こん》剛夜叉《ごうやしゃ》、合わせて五体の明王が安置されているからで、ツツジを訪ねたら必ずお参りしたいものだ。

つつじ園の歴史は古く、江戸時代には人々が花をめでに集まってきたと伝わっている。

それもそのはず、越生は関東三大梅林のひとつで、ウメの花見に訪れた人の評判が徐々に広まったのだろう。

越生町役場の裏手から小高い丘に登ると、樹齢400年というツツジの老木があり、付近一帯は4万株のツツジで埋めつくされている。まるで五色のじゅうたんと表現される五大尊のツツジは、4月末から5月の上旬にかけてが花の見頃を迎える。

五大尊つつじ公園の石碑　栗田義一郎

住 埼玉県越生町黒岩
交 東武越生線越生駅下車、徒歩20分
☎ 越生町観光案内所　049・292・6783、または越生町役場経済課049・292・3121

4月17日の岩根山神社大祭の頃がツツジの最盛期で、この季節に合わせるとハナモモが咲く。酒井政博　4月11日

ツツジ

長瀞町岩根山

荒川右岸、長瀞の6㎞ほど下流にある岩根山はツツジの大群落があることで知る人ぞ知る存在。

「岩根山つつじ園」のツツジは、ミツバツツジを先頭にヤマツツジ、レンゲツツジといった品種が次から次へと咲き、4月上旬からの1ケ月は、山全体が花園のように光り輝いてる。

ミツバツツジは、3枚ずつ生える葉が出る前に花が咲き、ツツジの仲間ではもっとも早咲きである。ミツバツツジには東国《とうごく》、西国《さいごく》など地域によって特徴が微妙に違い、正しく表記すると、トウゴクミツバツツジ、サイゴクミツバツツジと区別して呼ばれる。

岩根山のツツジを訪ねるのなら、4月17日におこなわれる「大祭」が目安になる。

この季節の岩根山は、ツツジのほかにもハナモモ、ツバキ、カントウタンポポといった花が咲く。ただし岩根山は最寄りの野上駅から歩くと1時間ちょっとのきつい登りを覚悟しなければならない。

「岩根山つつじ園」には小さな駐車場があるが、週末利用だと渋滞は避けられない。

岩根山へ行く場合は、たとえタクシーを利用する人でも週末は避けるべき。いっそのことタクシーは登山口までと考えたい。

住 埼玉県長瀞町井戸
交 秩父鉄道野上駅下車、徒歩1時間10分。駐車場あり
☎ 長瀞町観光協会 0494・66・3311
花暦 ミツバツツジ・レンゲツツジ

心字池を取り囲むように咲くフジは紫と白を交えて約2000本あり、「亀戸の藤浪」といわれた時代がある　4月27日

フジ

亀戸天満宮

亀戸天神のフジは、心字池に架かる太鼓橋を渡るとき、花を俯瞰できるのが魅力。

浮世絵師、安藤広重が「名所江戸百景」に描いているほど歴史の古い亀戸天満宮は、江戸時代、四代将軍の徳川家綱が社地を寄進、太宰府を模して社殿、楼門、太鼓橋を造営したのが始まり。フジの花の映える心字池もこのとき造られた。

通称、亀戸天神で親しまれているこの社は、2000本のフジが植えられている。2000本という数は半端でなく、境内狭しと17ケ所にフジ棚が張りめぐらされている。

フジの花は下から仰向き気味にめでるのが普通で、視点が変わると新鮮な感覚で花をめでることができる。

亀戸天神は、1月24、25両日の「うそかえ神事」と10月末から11月下旬にかけての菊まつりが有名で、多くの参拝者で賑わう。

亀戸天満宮の創建は寛文2年（1662）と古い

住 東京都江東区亀戸
交 JR総武線亀戸駅下車、徒歩10分。駐車場なし
☎ 03・3681・0010
花暦 ツツジ・キク

神池のほとりにあるフジは「五尺藤」と呼ばれ樹齢200年、花房の長さは1.5mを越す　5月1日

フジ

越谷市久伊《ひさい》豆《ず》神社

「五尺藤」と呼ばれる久伊豆神社のフジは、株回りが７ｍもあり、東西20ｍ、南北30ｍの棚から見事な花房をたらしている。

　マメ科に属するフジは大別するとノダフジとヤマフジに分けられる。久伊豆神社の五尺藤はノダフジで、この種は花は小さいものの花房が長く、ツルは右巻きなのが特徴。もうひとつのヤマフジは花そのものは大きめだが、花房は短くツルは左巻きである。

　久伊豆神社の五尺藤は、本殿に向かう参道の神池のほとりにある。中禅寺湖を模して造園された神池はツツジがちょうど見頃を迎えているはずで、季節は５月連休前半が目安になる。神池の対岸から見るフジも風情があり、せっかくだから池を一周することをおすすめする。久伊豆神社へは、東武伊勢崎線越谷駅の東口下車したら市役所をめざし、宮前橋を渡ればいい。

フジと一緒に咲く神池のツツジ

住 埼玉県越谷市越谷
交 東武伊勢崎線越谷駅東口下車、徒歩20分。地蔵橋までバスの便あり。駐車場あり
☎ 越谷市役所商工観光課　048･964･2111
花暦 ツツジ

フジ（骨波田《こっぱだ》の藤）

児玉町長泉寺

フジの樹齢は1000年といわれるが、「骨波田の藤」の樹齢は650年。かなりの長寿だが、花の勢いはいっこうに衰えない。

明るい雰囲気の境内には、大きなフジ棚が3つあり、花房の長さが2m近い紫白のフジが見事に咲いている。

フジの花は房の根元から咲きはじめ、地面すれすれまで房が伸びるのは5月連休後半、フジとしては遅咲きのほうだ。「骨波田の藤」で知られる長泉寺は花の寺としても有名で、フジの花が満開になる季節には、ツツジ、ボタン、トキワマンサク、ヤマブキ、といった色とりどりの花が咲く。出かけるときは、予め時間をたっぷり取っておきたい。

長泉寺本堂前のフジ棚は3つ。樹齢280年のシロフジは花房の長さが2m近くになる　4月28日

住 埼玉県児玉町高柳
交 JR八高線児玉駅からイロハ橋行きバス15分、下元田下車、徒歩10分。バスは日曜運休。駐車場あり
時 9時～17時
料 300円
☎ 0495・72・3122
花暦 ツツジ・トキワマンサク・ボタン・ライラック

県の天然記念物に指定されている骨波田の藤

太田道真、道灌父子の菩提寺として知られる龍穏寺近くの谷間に咲くヤマフジ。山田直子　4月29日

ヤマフジ

越生町龍穏《りゅうおん》寺

フジは近くから仰ぎ見るのもすばらしいが、人の手を加えず自然のままに咲くのが、やはり美しい。

梅林で知られる越生は太田《おおた》道灌《どうかん》ゆかりの地で、龍穏寺は太田一族の菩提寺。道真《どうしん》、道灌父子の墓もこの寺にある。

越辺《おっぺ》川の支流、龍ケ谷川を遡り、うっそうとした樹林に囲まれた地にある龍穏寺は、曹洞宗関東三寺のひとつ。曹洞宗の古刹らしい雰囲気がよく、わざわざ登ってくる参詣者が多い。

龍穏寺をめざす道から望めるヤマフジは、スギを中心とした樹林と調和して、思わず足をとめてしまいたくなる。

龍穏寺へ行くにはバス停の上大満《かみだいま》から30分近く歩くことになるが、車を利用すると寺の駐車場まで直行できる。

花の盛りは5月連休の頃、この時期だとシャガやオオデマリなどが咲いている。

龍穏寺境内に咲くオオデマリ。山田直子

住 埼玉県越生町龍ケ谷
交 JR八高線、東武越生線越生駅から黒山行きバス15分、上大満下車、徒歩30分。駐車場あり
☎ 越生町役場経済課 049・292・3121
花暦 フクジュソウ・ツツジ・シャクナゲ・シャガ

シャレーポピーより1ケ月早く花を咲かせるアイスランドポピー。山田直子　5月3日

アイスランドポピー

昭和記念公園

花一色に包まれる春の昭和記念公園は、そよ風にのってつい出かけたくなる公園だ。

公園の中心にある「みんなの原っぱ」は3月下旬から4月中旬が花期のナノハナにつづいて、ポピーの季節を迎える。まず最初に咲くのはアイスランドポピーで、花期は4月上旬から5月上旬まで、引きつづいて5月下旬まではシャレーポピーの季節となる。

ポピーの和名はヒナゲシ。ヨーロッパ南部から西アジアにかけて野生するこの花は、園芸種として古代エジプトの時代から栽培された。

元々、野生種のポピーは真紅で、虞美人《ぐびじん》の流した血から生えたという伝説から虞美人草と呼ばれた時代もあり、夏目漱石の小説の題名としても有名である。

ほぼ円形をした4弁の花は上を向いて咲くが、風に揺れると風情がある。

みんなの原っぱに咲くアイスランドポピー。徳永豊

住立川市緑町・昭島市郷地町
交JR青梅線西立川駅北口下車、徒歩2分
時9時30分～17時（11月～2月は16時30分まで）
料400円　休年末年始休
☎042・528・1751

ジュウニヒトエの西洋栽培種、アジュカ。本来のジュウニヒトエはもっと白っぽい。金子文子　5月9日

アジュカ（ジュウニヒトエ）

新座市平林寺堀

武蔵野の面影をたっぷり残す平林寺堀にジュウニヒトエを見に行く。

ジュウニヒトエは漢字で書くと十二単となり、かつての女官が儀式のときに着た衣裳をどうしても連想する。

ジュウニヒトエの栽培種アジュカを最初に見て、「さすがに気品がある」と思ったのは早とちり。後に本物のジュウニヒトエを教えられたときのショックは今も忘れていない。

雑木林の林床に咲くジュウニヒトエは、アジュカの艶やかさに比べると、なんとも地味なのにびっくりした。

淡紫色というよりは白に近いジュウニヒトエは絶滅種に近いそうで、ここではアジュカを紹介することにした。

平林寺堀は平林寺の西側に隣接しており、遊歩道が整備されている。

武蔵野の名刹参詣も一緒に計画されるといい。

平林寺堀のエゴノキ。金子文子　5月23日

住 埼玉県新座市野火止
交 西武池袋線ひばりケ丘駅北口から志木駅行きバス平林寺下車、徒歩15分。東久留米駅北口からバスの便あり
☎ 新座市役所公園緑地課　048・477・1111

総本山の奈良長谷寺から株分けされたボタンは100種、1000株にまで増え、都内有数のボタン園となった　4月18日

ボタン

目白薬王院

奈良の長谷寺を総本山とする薬王院は、ボタン寺として全国的に有名な長谷寺から株分けされてボタンを育て、現在では1000株といわれるまでになった。

薬王院のボタンは、墓地に通じる山の斜面に集中していて、金閣、黒光司《こっこうつかさ》、月世界など50種、石段を登りながら観賞する。

薬王院のセイヨウシャクナゲ　4月18日

中国原産のボタンが日本に渡来したのは奈良時代といわれ、元禄時代になると350もの品種が栽培されたという。

ボタンが寺院に多く栽培されたのは根皮が浄血に効く薬草であることと関係があり、中国では現在でも薬材としての栽培がおこなわれている。

薬王院は花の多い寺としても知られ、シダレザクラに始まる春の花は、ツツジ、ハナミズキ、シャクナゲとつづく。ボタンの花が咲き競うのは4月中旬、運がよければシダレザクラも咲いている。

住 東京都新宿区下落合
交 西武新宿線下落合駅下車、徒歩10分
時 9時～17時
☎ 03・3951・4324
花暦 シダレザクラ・ハナミズキ

1 2 3 4 5 6 7 8 9 10 11 12

手入れの行き届いた庭に咲くボタンは大柄で色も鮮やか　4月21日

ボタン

目黒不動尊

目黒不動尊のボタンをめでるのなら、毎月28日の縁日に照準を定めて出かけたい。「目黒のお不動さん」と親しまれているのは泰叡山《たいえいざん》瀧泉寺《りゅうせんじ》といい、寺の開基は平安時代にまで遡る。目黒不動尊はその後、三代将軍家光の保護を得て復興、江戸城の方難除けと五街道守護として、庶民の参拝で賑わうようになった。

目黒不動尊のボタンは4月25日から30日と、ごくわずかな間しか公開しない庭園に咲いている。花は年によって花期がずれ、盛りをつかまえるのがむずかしいが、逆に期日も決めてしまうとかえって行動しやすい。

境内狭しと露店を連ねる縁日にはさまざまな品が並び、大勢の参詣人で賑わっている。阿彌陀堂裏にある落ち着いた雰囲気の庭園は新緑とボタンがよく調和している。

背景がいいとコデマリの花品がワンランクアップ

住 東京都目黒区下目黒
交 東急目黒線不動前駅下車、徒歩10分またはJR山手線目黒駅から徒歩25分
時 10時～15時／4月25日～30日(予定)
☎ 03･3712･7549
花暦 ボタン･コデマリ

ボタンの季節になると、のぼり旗がはためき、多くの花見客が総持院にやってくる　4月30日

ボタン

浦和総持院

さいたま市の見沼たんぼを流れる見沼代用水東縁《ひがしべり》に位置する総持院は、ボタン寺として知られている。

「花王」「花神」といわれるボタンは別名を二十日草ともいい、「咲きしより散り果つるまで見しほどに　花のもとにて廿日《はつか》へにけり」と平安時代の古歌が残されている。

階上に梵鐘を吊るす山門をくぐると、総持院の広い境内はボタンの花で埋まっている。

ボタンが盛りを迎えるのは5月上旬。花の季節になると山門前には花の即売所が店開きして、鉢植えや切り花を売っている。

総持院へ行くには、浦和駅西口からバスに乗り、大崎園芸植物園下車、国昌寺を経て東縁を歩くといい。総持院までは約30分の行程。車を使えば駐車場がある。

鐘楼を兼ねた山門前に咲くミツマタ　3月17日

住 さいたま市緑区南部領辻
交 JR浦和駅西口から大崎園芸植物園、岩槻行きバス15分、大崎園芸植物園下車、徒歩30分。駐車場あり
☎ 048・829・1363
花暦 ミツマタ・ツツジ・ハナモモ・ハリエンジュ

広々とした園内には斜面を巧みに利用して5000株のボタンが花をつける。栗田義一郎　4月29日

ボタン

東松山ぼたん園

ボタンが「市の花」に選定されたことを契機に平成2年にオープンしたのが東松山ぼたん園である。

このぼたん園は、開園以来の整備拡張で、現在では146種、5000株以上のボタンが花をつけ、関東を代表するボタン園に成長した。

東松山といえば箭弓《やきゅう》神社のボタンが有名だったが、規模が小さく、ボタンを見るつもりなら東松山ぼたん園をおすすめする。

ボタンの花が見頃を迎えるのは4月下旬から5月上旬にかけて。珍しい黄色のボタン金晃、金閣を見るのだったら、5月中旬に訪ねるといい。

東松山ぼたん園へは、東武東上線に乗り東松山駅下車。市内循環バス大谷コースに乗れば、東松山ぼたん園前にバス停がある。駐車場があるので車利用も考えられる。

せっかく東松山を訪ねたのなら、名物の焼き鳥は忘れずに賞味したい。東松山の「焼き鳥」は新鮮なトントウ（豚の頭肉）を味噌だれで焼く。「やきとりマップ」があるほど店数は多く、それぞれが秘伝のたれを工夫していると聞いた。夕方から営業する店が多いので、興味のある人はパンフレットを入手するといい。

住 埼玉県東松山市野田
交 東武東上線東松山駅から市内循環バス大谷コース15分、東松山ぼたん園下車、徒歩1分。駐車場あり
時 9時～17時
料 300円
休 月曜
☎ 東松山市役所 0493・23・2221

ナンジャモンジャのほうが名が通っているヒトツバタゴの花。堀川武久　4月24日

ヒトツバタゴ

調布市深大寺

東京では浅草寺に次ぐ歴史の古さを持つ深大寺は、天平5年（753）の創建で、武蔵野を代表する名刹。この寺にナンジャモンジャを見にいこう。

深大寺といえば3月3日のだるま市と江戸の昔からつづく深大寺そばが有名で、「花の寺」というイメージはないと思う。しかし深大寺は、思ったより花は多く、フユボタンも咲けばウメもあり、シダレザクラも咲く。

数ある花の中で特異なのはヒトツバタゴ。

木曽川流域と対馬に自生するこの木は、見慣れない木であることからナンジャモンジャともいう。ヒトツバタゴのタゴはバットの原料になるトネリコのことで、一葉のトネリコという意味である。

深大寺に咲くヒトツバタゴは堂々とした大木で、わざわざ見にいく価値は十分にある。

深大寺元三大師堂。堀川武久

住 東京都調布市深大寺元町
交 JR中央線三鷹駅南口から調布駅行きバス20分、深大寺下車、徒歩5分。吉祥寺駅、京王線つつじヶ丘駅からバスの便あり。
駐車場あり
☎ 0424・86・5511

3段あるテラスの上2段がバラ花壇になっている。アップのバラはピンクドリーム　10月24日

バラ

北区旧古河庭園

明治の元勲・陸奥宗光《むつむねみつ》の邸宅を古河財閥の手で造園したもので、斜面に面した洋風庭園とその下の和風庭園が調和している。

イギリス風ルネッサンス様式の本館に面し、2段に分かれた庭園に咲くのは78種、170株のバラ。品種ごとにプレートがついていて、花は不得意という人の勉強になる。

バラは春の5月と秋の10月に花期があり、花をめでるチャンスが2回ある。春は花の数が多く、しかも大きいのに対して、秋咲くバラは小柄ながらも艶があるといわれる。

バラにはヨーロッパで改良された四季咲きの品種もあるが、春咲きのバラは1月末から2月はじめの3〜4日間に剪定《せんてい》し、秋咲きのバラは8月末から9月にかけての3〜4日間に剪定しないと花は咲かないという。

バラの花の見頃は春と秋の2回ある

住 東京都北区西ケ原
交 地下鉄南北線西ケ原駅下車、徒歩8分またはJR京浜東北線上中里駅から徒歩10分
時 9時〜17時
料 150円
休 年末年始休
☎ 03・3910・0394
花暦 モクレン・ツツジ

噴水を配したフランス式庭園には春と秋の2回、バラの花が咲く。品種別の解説プレートはとても参考になる　5月21日

バラ

調布市神代植物公園

武蔵野の名刹、深大寺に隣接する神代植物公園は、450種、10万株もの植物が植えられている大規模な植物園。ざっと拾っただけでも梅林、つつじ園、ぼたん・しゃくやく園、しゃくなげ園、はなしょうぶ園など、さすがはと思わせる花の群落が観賞できる。

その中でもスケールを感じさせるのが「ばら園」。1万2000㎡の広さのあるばら園は、噴水を中心にしたフランス式庭園で、原種から最新の新種まで240種、5000株のバラが妍を競って咲く。

花の見頃は春バラが5月下旬、秋バラは10月中旬で、いずれも散歩にはうってつけの季節。花好きをもって任じている人なら、時間をたっぷりとかけ、一日がかりで植物園めぐりを楽しむといい。

春のバラと一緒の頃咲くカルミア

住 東京都調布市深大寺元町
交 JR中央線三鷹駅南口から調布駅行きバス20分、神代植物公園前下車、徒歩3分。吉祥寺駅南口、京王線つつじが丘駅からバスの便あり。駐車場あり
時 9時30分～17時
料 500円
休 月曜休
☎ 0424・83・2300

もっとも新大宮バイパスに近いバラ園は分厚い防音壁に守られている　5月21日

バラ

さいたま市与野公園

旧与野市の市花、バラをじっくり観賞するのにおすすめなのが与野公園である。

与野本町駅で下車すると、駅前には細長い花壇がある。駅前から大宮方向に進み、本町坂を上がると円乗院。この角をクランクすると与野公園に着く。この公園は、明治10年（1877）にサクラの名所として開園した歴史の古い公園で、現在ではバラ園の人気がもっとも高い。

めざすバラ園は弁天池を通り抜けた新大宮バイパス寄りにあり、木の生い茂った森から青空が広がる明暗のコントラストがおもしろい。

30種、1200株が植えられているバラ園は、大柄な花を一輪ごとに楽しむ花壇植えとフェンスやネットにからむツルバラと、人それぞれの楽しみかたがある。春バラの盛りは例年、5月20日前後、秋バラは10月15日から10月いっぱいと思っておけばいい。

与野公園の弁天池の周辺はサクラの園

住 さいたま市中央区本町西
交 JR埼京線与野本町駅下車、徒歩12分。駐車場あり
☎ さいたま観光コンベンションビューロー 048・647・8338
花暦 タイサンボク・サルスベリ

キショウブだけがまとまって咲く場所は珍しく、じゅん菜池は貴重な存在　5月17日

キショウブ

市川市じゅん菜池緑地

キショウブだけの群生を見られる場所は意外と少なく、市川市の「じゅん菜池緑地」を訪ねてみよう。

ノハナショウブの園芸種がハナショウブなのに対して、キショウブはヨーロッパ原産の渡来種。花期はハナショウブに比べ少々早く、5月20日前後が盛りになる。

黄色いハナショウブがないことから「なんとかしよう」とばかり、ハナショウブを母方にした交配はうまくいかず、その逆を試して成功したという話を新聞のコラムで読んだ記憶がある。

じゅん菜池緑地は、旧江戸川の河岸段丘下に広がる細長い池を中心に整備された公園で、キショウブのほかにもウメ、サクラ、ツツジといった花が咲く。

じゅん菜池緑地からは、里見公園を経て矢切《やぎり》の渡しに乗り、柴又の帝釈天へ歩くのも楽しい。

細長い池の両岸は快適な散策コース

住 千葉県市川市中国分
交 北総開発鉄道矢切駅下車、徒歩10分
☎ 市川市観光協会 047・334・1111
花暦 ウメ・サクラ類・ビョウヤナギ

カキツバタはハナショウブより花期が早く、同時に花をめでるというわけにはいかない　5月8日

カキツバタ

東村山市北山公園

　カキツバタの咲く北山公園は、西武園に向かう電車の窓から全貌が見渡せるアクセスのよさがなによりの魅力だ。「カキツバタとハナシュウブはどこに違いがあるの」という質問はよくある。カキツバタとハナショウブが同時に咲いているのなら、中肋脈＝葉の中央にあるふくらんだ筋＝のないのがカキツバタと説明できるが、両種ともに園芸種が多く、花を見ただけで決めつけるのはむずかしい。

　カキツバタはハナショウブに比べると花期が1ケ月ほど早く、同じ時期に双方の花を見ることはほとんどない。

　北山公園は、カキツバタよりハナショウブが有名で、6月中旬の週末になると、菖蒲まつりが開催される。

　北山公園へ行くには、西武新宿線東村山駅の西口に下車するが、サルスベリで紹介した正福寺（P120参照）をコース中に組みこむといい。

北山公園のハナショウブ　6月8日

住 東京都東村山市野口町
交 西武新宿線東村山駅西口下車、徒歩15分
☎ 東村山市役所緑と公園課　042・393・5111
花暦 ナノハナ・サクラ・フジ・コスモス

ハナショウブ

明治神宮御苑

成田山新勝寺と初詣での首位を競う明治神宮は、東京を代表するハナショウブの名所である。

全国から献木された樹木に覆われ、玉砂利を敷いた参道を歩くと、いつの間にか厳かな気分になる。

ハナショウブが咲くのは南池を中心に整備された御苑内の菖蒲田。都心には珍しく、清水がこんこんと湧く清正井《きよまさのいど》は、菖蒲田のすぐ近くにあり、菖蒲田はもちろんのこと南池の主水源は、この湧き水である。

御苑のハナショウブは、元々は明治天皇が皇后のために造らせた菖蒲田で、江戸系をはじめ伊勢系、肥後系合わせて150種、3000株のハナショウブが植えられている。花が大柄なことは手入れのよさにあるが、湧き水を水源とする水質にも関係がある。

皇室ゆかりの菖蒲田だけのことはあり、大柄なハナショウブは3000株ある
6月18日

菊の御紋章が輝く明治神宮大鳥居

住 東京都渋谷区代々木神園町
交 山手線、地下鉄千代田線原宿駅下車、徒歩5分。駐車場あり
時 9時～17時30分（季節変更あり）
料 500円
☎ 03・3379・5511
花暦 アジサイ類

日比谷公園の4倍もある広大な水元公園には100種、20万株ものハナショウブが咲く　6月16日

ハナショウブ

葛飾区水元公園

都立の公園では最大の面積75haを有する水元公園は、「水辺の公園」というすばらしい特色を持っている。

水元公園に咲くハナショウブは100種、20万本。株数に直すと1万5000株もあり、東京随一のスケールをほこっている。

ここに咲くのは江戸時代に改良された江戸系。「峯の朝日」「清少納言」「桜小町」など、花好きにはおなじみの品種が揃っている。花期が長いのも特色のひとつで、遅咲きの品種は6月の末になっても花をつけている。

江戸川と中川に挟まれた小《こ》合溜《あいだめ》を中心に整備された公園は、120本のポプラ並木があり、まるで北海道に旅したような錯覚を起こす。ここを訪ねるときは、少なくとも半日は散策するつもりで出かけるといい。

アジサイ、ガクアジサイも見応え十分

住 東京都葛飾区水元公園
交 JR常磐線、京成線金町駅から戸ケ崎操作場行きバス10分、水元公園下車、徒歩7分。駐車場あり
☎ 03・3607・8321
花暦 スイレン・アサザ・キンシバイ

ハナショウブはカンカン照りよく小雨の降るような日のほうが花の勢いがあって美しい　6月13日

花の盛りは例年6月20日前後を目安にしたい

ハナショウブ

狭山市智光山公園

武蔵野の自然を最大限に生かした智光山公園は埼玉県には数少ないハナショウブの名所である。

こども動物園、釣り堀、スポーツ施設、都市緑化植物園などが設置された総合施設が智光山公園。ひろびろとした公園には、雑木林を縫うように遊歩道が整備されている。

智光山公園にあってもっとも有名なのがハナショウブ園。正面から入って、真っすぐに伸びる道を歩き、モニュメント広場手前を左折、坂を下って着く窪地がめざすハナショウブ園で、花の見頃は6月中旬、ツユが始まる頃である。

智光山公園へ行くには車利用がおすすめで、すぐ近くにある埼玉畜産牧場サイボクは絶対のおすすめスポット。信用のおける肉やハム、ソーセージが買えるほか、レストランの味も確か。

住 埼玉県狭山市柏原
交 西武新宿線狭山市駅から智光山公園行きバス20分、終点下車、徒歩8分。駐車場あり
☎ 狭山市観光協会 042・953・1111
花暦 ロウバイ・モクレン・ハンカチノキ・バラ・アジサイ・オミナエシ

「山門をくぐれば浄土」の言葉を生かし、仏の花シャクナゲを大切に育てている高蔵寺。金子壮一　5月2日

セイヨウシャクナゲ

町田市高蔵寺

「花を見た清涼な心で、仏様にも手を合わせて……」

シャクナゲの花に囲まれた高蔵寺が近づくにつれ、住職の言葉が心に響いてくる。

左の雷神、右の風神に護られた石段の両側は濃いピンクのセイヨウシャクナゲ、くぐった山門の奥は真紅のセイヨウシャクナゲが咲く。

1haある高蔵寺の境内には1200株のセイヨウシャクナゲが植えられており、早咲きの品種は春の彼岸の頃に花が咲く。高蔵寺のシャクナゲは、22世住職がチベットやブータンを旅したとき「仏の花」として大切に育てられていることを知ったのが契機という。

ヒマラヤ山麓に咲くシャクナゲは「樹」という文字がぴったりする大木もあれば、樹高が10mを越す純林もあって艶やかな花が咲く。

ハクサンシャクナゲやアズマシャクナゲに代表される、日本自生種の淡い色合いとはまことに対照的。そのつもりで訪ねないと、びっくりするかもしれない。

風神像とシャクナゲ　金子壮一　5月2日

住 東京都町田市三輪町
交 小田急線鶴川駅下車、徒歩15分。駐車場あり
☎ 044・988・2585
花暦 ロウバイ・サクラ類・セイヨウシャクナゲ

小高い丘の斜面いっぱいに咲くラベンダー。風にのってさわやかな香りが流れる　6月23日

ラベンダー

菖蒲町しらさぎ公園

埼玉県の東の端に近い菖蒲町は、町の名前を聞いただけで花に縁《ゆかり》のある町に違いないと思ってしまう。

6月下旬に訪ねた菖蒲町役場は、ラベンダーの花に囲まれ、清楚な香りに包まれ、イメージ通りの町なのにほっとする。菖蒲町はラベンダーのほかにもサクラ、カラシナ、ナシ、フジ、アヤメ、ポピー、ハナショウブ、ヒマワリ、ハギといった花々が季節を追いながら咲き、わざわざ出かけるだけの価値は十分にある。

お目当てのラベンダーは町役場周辺に集中しており、なかでも「しらさぎ公園」がいちばんのおすすめ。

菖蒲町は、町というよりは野菜を中心にした農村地帯で、出かけるには車が便利。新鮮な季節の野菜が手に入るJA農作物直売所は忘れず立ち寄りたい。

ハーブだからといって手折るのはエチケット違反

住 埼玉県菖蒲町菖蒲
交 JR宇都宮線久喜駅西口から菖蒲町仲橋行きバス25分、終点下車、徒歩10分。駐車場あり
☎ 菖蒲町観光交流協会 0480・85・1111
花暦 カラシナ・サクラ・フジ・アヤメ・アジサイ

アジサイ

文京区白山神社

この季節、境内が3000余株のアジサイの花で埋めつくされる白山神社　6月14日

「藍《あお》い花が集まって咲く」からアジサイ。ガクアジサイを母種にして生まれた日本原産のアジサイを世界に広めたのはシーボルトで、学名に愛人・楠本滝の愛称オタクサをつけた話は有名である。

　白山神社は、天暦2年（948）、加賀一宮の白山神社から分祀したのが始まりで、後に徳川綱吉と生母桂昌院の保護を受け、小石川の総鎮守として隆盛を極めた。

　門前町の面影をかろうじて残す参道から石鳥居をくぐると、境内はアジサイの花で埋めつくされている。鉢植えあり植栽ありで、とくに社殿との組み合わせは絵になる。

　アジサイは、裏手にある公園寄りに築山にまとまっているが、鉢植えになった新種を見つけるのも楽しい。花の盛りは6月の中旬。

　白山神社へ行くには地下鉄三田線の白山駅下車が便利だが、南北線駒込駅も近い。神社を訪ねたら小石川植物園は歩いて15分ほど。ぜひとも足を伸ばしてみたい。

本殿裏の小さな広場に咲くサクラ　3月20日

住 東京都文京区白山
交 地下鉄三田線白山駅下車、徒歩3分または地下鉄南北線駒込駅から徒歩5分
☎ 03・3811・6568
花暦 ウメ・サクラ

元々は自生種中心だったが、やがて全国的に稀種を集めるようになり、参拝者からの寄進も多い　6月10日

アジサイ

日野市高幡不動尊

関東三大不動のひとつに数えられている高幡不動尊は、多摩都市モノレールの開通にともない、いっそう便利になった。

正式には高幡山明王院金剛寺という高幡不動尊は、アジサイの花が咲く6月上旬から7月上旬にかけては、参詣を兼ねた花見客で賑わっている。

元はといえば、高幡不動尊のアジサイは境内の裏山に自生していたのが始まり。現住職が全国から集めた品種が徐々に広がり、現在では不動ケ丘と名づけた斜面にアマチャ、タマアジサイ、ツルアジサイなど7500株ものアジサイが咲き競っている。

不動ケ丘には88体の弘法大師像を祀った八十八ケ所めぐりができるように観賞路が設置されている。普段お目にかからない品種にはプレートがついているのは親切。ゆっくり時間をかけてアジサイの花に接したい。

ガクアジサイの装飾花の中心に咲く花

住 東京都日野市高幡
交 京王線、多摩都市モノレール高幡不動駅下車、徒歩5分。駐車場あり
☎ 042・591・0032
花暦 ヤマアジサイ・タマアジサイ・アマチャ

左甚五郎作と伝わる山門で知られる国昌寺はアジサイ寺としても有名で、花のつきがすばらしい　7月2日

アジサイ

浦和国昌寺

アジサイの咲く国昌寺だが、見沼たんぼでは清泰寺と並ぶ名刹で、菊のご紋章のついた山門には左甚五郎作と伝わる竜の彫刻がある。

　アジサイのもっとも原種の面影《おもかげ》をとどめているのはタマアジサイといわれている。つぼみのとき、花序＝茎に直結する花の集合体＝が球状になっているこの品種はガクアジサイの仲間で、萼（装飾花ともいう）中央部にごく小さな花をつける。身近に咲くガクアジサイだけに、注意して観察をつづけると、意外な発見ができるというものだ。

　アジサイは花期の比較的長い植物で、5月の末に咲きはじめ7月上旬までは咲きつづける。国昌寺のアジサイは手入れがよく、適当に摘花するので見栄えがいい。

　この寺へ行くには、JR浦和駅西口から大崎園芸植物園、岩槻行きのバスを使うが、近くにはボタンで有名な総持院（P99参照）があり、ついでに足を伸ばすといい。

市の天然記念物、センダンバノボダイジュ

住 さいたま市緑区玄蕃新田
交 JR浦和駅西口から大崎園芸植物園、岩槻行きバス15分、大崎園芸植物園下車、徒歩20分。駐車場あり
☎ 048・878・0413
花暦 コヒガンザクラ・モクレン・ハナモモ・スズラン

7〜8月

コダイハス／行田市古代蓮の里。柳沢満義　7月20日

年々花の数を減らすヤマユリだが、大柄の花は美しく香りも強い。宿谷敏勝　7月22日

ヤマユリ

青梅市神明神社

ヤマユリの花を見たいと思ったら7月の下旬が花の盛り。暑いのは我慢して、優雅さと強い香りを楽しみたい。

「郊外にさえ出ればどこの庭先でも見かけた花なのに、最近ではとんと見なくなった」と思っていたら、「タヌキやイノシシの仕業《しわざ》です」と教えられた。ユリの根は茶碗蒸しには欠かせない食材であり、人間様が好むのなら、タヌキが掘っても文句はいえまい。

さて、さっぱり姿を見せなくなったヤマユリだが、武蔵野では青梅市の郊外、小曾木《おそき》、成木《なりき》地区まで足を伸ばすと、けっこう見かけるチャンスが多い。

神明神社へ行くには車が便利。車で行く場合は、圏央道の青梅ICから岩蔵温泉、小曾木を目標にし、成木街道をめざす。ただし神明神社の駐車場へは道幅が狭く技術がいると思ってほしい。

素朴そのものの神明神社。宿谷敏勝

住 東京都青梅市成木
交 JR青梅線東青梅駅北口から北行きバス18分、赤仁田下車、徒歩1分
☎ 青梅市役所商工観光課　0428・24・2481
花暦 ウメ・サクラ・ミツバツツジ・チゴユリ

ヤマユリはもちろんのことオニユリ、コオニユリなどの鱗茎は年々肥大化して高級食材となる。酒井政博　7月25日

ヤマユリ

高尾山

世界的な視野でユリをみると日本は野生種に恵まれており、大正時代には、球根の輸出が盛んにおこなわれた。

ヨーロッパで珍重されたのは白いユリの品種で、派手な花柄を持つヤマユリが喜ばれたらしい。

日本に自生するユリはヤマユリのほかにもカノコユリ、ササユリ、オニユリ、スカシユリなど、世界に分布する原種の約6分の1にも及ぶという。

紅葉の名所というか、小学校の遠足の定番コースとして有名な高尾山は、夏になると涼を求めて山へ登ってくる人が多い。

ヤマユリの花が咲いているのは清滝駅周辺。思いのほか澄んだ流れのほとり。上流には琵琶滝があり、ケーブルカーに乗って薬王院周辺を散策する前に往復するといい。

高尾山薬王院飯縄権現堂

住 東京都八王子市高尾町
交 京王高尾線高尾山口駅下車、徒歩3分、ケーブルカーまたはリフトに乗り換え。駐車場あり
☎ 高尾登山鉄道 0426・61・4151
高尾ビジターセンター 0426・64・7872

花の少ない夏に黄赤色の大柄な花をたくさんつけるので目立つ。花にふれると急いで閉じる　7月20日

ノウゼンカズラ

青梅市聞修院《もんしゅう》

今どき珍しくなった檜皮《ひわだ》葺きの本堂を見るとほっとした気分になる。

室町時代末期の開基と伝えられる聞修院は手入れのすばらしい寺で、サルスベリの咲く山門に入ると、見事に刈りこまれた植えこみがつづく参道が一直線に伸びている。寄木造りの本堂左手にあるノウゼンカズラは、見上げるほどにツルを伸ばしており、大柄の花をたくさんつけている。あまりの見事さに「花にさわると急速に花弁を閉じる」と読んできた植物図鑑の記述をすっかり忘れてしまった。

聞修院は、この時期ノウゼンカズラのほかにヤマユリ、キキョウ、ムクゲといった花が咲き、暑さを除けば、のんびりとした時間が過ごせる憩いの場。ネコヤナギやウメ、サンシュユが咲く早春にもう一度訪ねてみたくなる。

夏の間ずっと咲きつづけるムクゲの花

住 東京都青梅市黒沢
交 JR青梅線東青梅駅南口から成木循環バス15分、柳川下車、徒歩7分。駐車場あり
☎ 0428・74・5411
花暦 ネコヤナギ・ウメ・サクラ・ヤマユリ・ムクゲ・キキョウ・オミナエシ・ケイトウ・コスモス

ホテイアオイは一日花で、いっせいに咲く日がシーズン中に数回ある。白鳥征喜　8月18日

ホテイアオイ

行田市水城《すいじょう》公園

ホテイアオイの咲く水城公園は行田市の忍《おし》城跡の近くにあり、JR北鴻巣駅からバスの便もある。

つい最近、ブタクサ、セイダカアワダチソウに加えてホテイアオイまでが、植物の駆除奨励種に含まれてしまった。ホテイアオイは繁殖力がすこぶる旺盛で、水田などで繁茂すると稲そのものを駆逐してしまうそうだ。

ここ武蔵野にはホテイアオイの群生地は珍しく、害草のイメージはなく、ヒヤシンスに似た可憐な花に愛着を感じている人が多い。

ホテイアオイは、夏の盛りが過ぎて朝方の気温が少し下がった頃、いっせいに開花する一日花、翌日になると水中に没してしまう。開花はシーズンの間、数回繰り返されるが、次の開花までに規則性はなく、「実に気ままな花なんです」といわれた。

水城公園を訪ねたら、行田名物のフライは一度試してみたい。味はお好み焼きの元祖と思えばほぼ間違いない。

花は日中開き、夕方に水没　白鳥征喜

住 埼玉県行田市佐間
交 秩父鉄道行田市駅下車、徒歩15分。駐車場あり
☎ 行田市役所商工観光課 048・556・1111
花暦 ボケ・ボタン・サクラ・バラ・ハス

四隅をぴんと張った重層入母屋造りの地蔵堂とサルスベリの花　7月27日

サルスベリ

東村山市正福寺

東京都唯一の国宝建造物、正福寺千体地蔵堂に真夏に咲くサルスベリを見に行く。

重層入母屋《いりもや》造り、草葺き屋根の四隅をぴんと跳ね上げた正福寺千体地蔵堂は、室町時代の建造物で、地蔵堂内の欄間には木彫りのお地蔵様がびっしりと並び、年に2回ほど開帳される。

正福寺へ行くには、西武新宿線東村山駅西口で下車したら、都道１２８号線を歩く。バスが道幅いっぱいの狭い通りで、最初のバス停が正福寺。スーパーマーケットの角から正福寺山門が見えている。

めざすサルスベリは千体地蔵堂のわきにあり、その近くは手入れの行き届いた庭がお花畑になっている。

サルスベリは漢字に直すと百日紅だが、花がもっとも元気なのは8月下旬から9月上旬、この季節はちょうどナシの収穫期、近所で完熟した地場産のナシが手に入る。

本堂前に咲くカルミア　6月8日

住 東京都東村山市野口
交 西武新宿線東村山駅下車、徒歩15分。駐車場あり
☎ 042・391・0460
花暦 ボタン・アジサイ・アイリス・マツバギク・フヨウ

サルスベリ

東久留米市野火止用水

　木登り上手《じょうず》な猿が滑り落ちそうなことから名のついたサルスベリだが、この名は元々ヒメシャラのことだという説がある。この説を信じると「軒先を貸して母屋《おもや》を乗っ取られた」わけで、ヒメシャラに同情したくなる。

　サルスベリは最近、街路樹として人気があるせいか、あちこちに見受けられるようになった。武蔵野には園芸業者が多く、苗圃《びょうほ》には必ずといっていいほどサルスベリが植わっている。

　野火止用水のサルスベリは用水ぞいの苗圃に咲いたもので、花の咲きぐあいがいい。そのまま流れにそって進むと、本多緑道を経て平林寺（P15・145参照）に行くことができる。

造園業者の苗圃に紅白のサルスベリがまとまって咲いている　7月27日

赤い実を鳥たちが好むピラカンサの花　7月27日

住 東京都東久留米市西堀
交 西武池袋線東久留米駅北口から東久留米団地行きバス10分、終点下車、徒歩10分
花暦 ショカッサイ・ノイバラ・クレマチス

キキョウ

長瀞町多宝寺

「ひっそりと」が似合うキキョウがここ多宝寺では畑になっている　9月18日

　キキョウの花が二度咲きすることを知ったのは、ここ長瀞町の多宝寺へ来たときのことである。

　七草寺として知られる多宝寺は、秩父鉄道の野上《のがみ》駅から歩いても約10分、アクセスは至極便利だ。

　多宝寺のキキョウが咲くのは一番花が6月下旬から7月上旬にかけて。この花を摘花すると新しい花芽が出て、9月中旬になると二番花が咲く仕組みになっている。

　秋の七草なのに五月雨《さみだれ》桔梗《ききょう》という言葉があり、かねがね疑問に思っていたのだが、仕組みがわかってひと安心した。

　多宝寺はキキョウのほかにもさまざまな花が咲く。秋のシーズンに出かけたときは、オミナエシにケイトウ、それにムラサキシキブが紫色の実をたくさんつけてた。

　わざわざ多宝寺まで秋の七草を訪ねたのなら、フジバカマの法善寺、オミナエシの真性寺《しんしょうじ》は隣近所の間柄、訪問しない手はなかろう。

キキョウは根がセキどめに効く薬草

住 埼玉県長瀞町本町上
交 秩父鉄道野上駅下車、徒歩10分。駐車場あり
☎ 0494・66・3424
花暦 オミナエシ・ムラサキシキブ・シュウメイギク

9〜12月

カエデの紅葉／多摩霊園。篠美智子

スイフヨウは1日のうちに白からピンク、紅色と花の色が変わり、酔芙蓉と書く。栗田義一郎　9月22日

スイフヨウ

築地本願寺

築地本願寺といったら、インドのマハラジャ宮殿の石造建築を連想するだけで、花とは無縁の寺院だと思っていた。

築地本願寺は正式にいうと本願寺東京別院、関東大震災後の昭和9年、仏教各宗派を超えた斎場として再建された。

ここに咲くスイフヨウはフヨウの八重咲き品種で、朝に咲きはじめた花は白色なのに午後になるにつれて薄いピンクに変わり、花がしぼんでしまう夕方から夜にかけては紅色になる一日花。色の変化する様子を酒呑みの表情にたとえたところが非常におもしろい。花の色がなぜ変わるのか、原因は不明だが、朝のうちに出かけると三色の花が観察できる。

築地本願寺は築地の魚河岸のすぐ近くにあり、ランチタイムは新鮮な魚料理ですませ、午後の淡いピンクのスイフヨウと対面できるなんて、考えただけで楽しくなる。

築地本願寺とボダイジュ。栗田義一郎　6月7日

住 東京都中央区築地
交 地下鉄日比谷線築地駅下車、徒歩1分。駐車場あり
☎ 03・3541・1131
花暦 ボダイジュ・スイフヨウ・アジサイ

門前わきの細長い庭にシロバラヒガンバナがまとまっている。堀川武久　9月27日

ヒガンバナ

田無総持寺

田無総持寺に咲くシロバナヒガンバナは、シダレザクラの根元にバランスよく咲く。

　正直いって実物を見るまでは半信半疑だった。シロバナヒガンバナは、ヒガンバナとショウキランの交配による雑種。真紅のヒガンバナに混じって咲くのを見る限り、珍しさはあっても美しさを感じなかったから……。

総持寺のシダレザクラ。堀川武久　3月28日

　山門に通じる短い参道わきは花壇風に手入れされ、配分よく群生するシロバナヒガンバナは見事に調和している。「百聞は一見に如《し》かず」とはよくいったもので、ぜひともこの群生をめでることをおすすめしておく。

　多聞天、広目天を従えた二層の仁王門は成田山新勝寺などに見られる堂々とした門で、恒例の「だるま市」は3月1日と4月1日の2回、おこなわれる。ヒガンバナが咲くのは秋のお彼岸を中心にした10日ほどで、ごく短い。

住 東京都西東京市田無町
交 西武新宿線田無駅北口下車、徒歩5分
☎ 0424・61・0044
花暦 シダレザクラ・シロバナヒガンバナ・マメガキ

高麗川の川原にそうように雑木林が広がり、100万本のヒガンバナが咲く。松沢英晶　9月27日

巾着田のソバの花。高橋俊郎　9月28日

ヒガンバナ

日高市巾着田《きんちゃくだ》

サクラとは逆にヒガンバナの開花前線は北から西へと移動して、関東周辺ではちょうど秋のお彼岸の頃、花の盛りを迎える。

マンジュシャゲよりヒガンバナのほうが定着している理由はここにある。

なんと100万本のヒガンバナが咲く巾着田は、高麗《こま》川が大きく蛇行する左岸一帯を水田として開拓した跡。現在は、水車の回る「ふれあい広場」やスポーツ施設がある。

ヒガンバナは川原につづく雑木林の中にまとまって生え、文字通り9月23日を前後する1週間が花の見頃となる。ただし、週末はたくさんの花見客とアマチュアカメラマンが押しかけるので、「ゆっくりしたい」人は平日のお出かけをおすすめする。

巾着田は、西武池袋線高麗駅で下車して徒歩15分ほど。聖天《しょうてん》院、高麗神社への散策も計画されるといい。

住 埼玉県日高市本郷
交 西武池袋線高麗駅下車、徒歩15分。駐車場あり
☎ 日高市役所商工観光課
0429・89・2111
花暦 ネコヤナギ・キツネノカミソリ・レンゲソウ・ソバ

向島百花園には30mものハギのトンネルがあり、9月中旬が花の見頃となる　9月9日

ハギ

墨田区向島百花園

秋の七草を手軽に見たいとお思いの方は向島百花園がおすすめスポット。規模は小さくとも所狭しとさまざまな花が咲き競っている。

江戸の町民文化が栄えた文化、文政年間（1804～1830）に骨董商、佐原鞠塢《きくう》が当時、交流のあった文化人の協力を得て開園した庭園が向島百花園である。

秋の向島百花園はハギのトンネルが名物になっていて、トンネル外側のハギが満開になるのは9月上旬。陽射しの関係だろうか、トンネル内側のハギが見頃になるのは9月の中旬になる。

向島百花園を訪ねたら墨堤《ぼくてい》街道を浅草雷門まで、ぜひとも歩いてみたい。墨堤街道には江戸時代からつづく和菓子の老舗が2軒あり、「花よりだんご」、名物の言問《こととい》団子《だんご》や桜餅が賞味できる。

向島百花園のイカリソウ　4月8日

住 東京都墨田区東向島
交 東武伊勢崎線東向島駅下車、徒歩10分
時 9時～17時
料 150円
休 年末年始
☎ 03・3611・8705
花暦 フクジュソウ・カタクリ・ヤマユリ

大悲願寺本堂前を埋めつくすシラハギ。1株に紅白の花が混じることもあり、ソメワケハギと呼んでいる　9月21日

ハギ

あきる野市大悲願寺《だいひがん》

五日市線武蔵増戸《ましこ》駅から歩いて約20分、線路端に赤トンボが飛ぶ姿を追いながら、シラハギ咲く大悲願寺を訪ねてみよう。

鎌倉時代の初期、建久2年（1191）に源頼朝の命を受けて建立したのが大悲願寺。漆喰《しっくい》の白壁をめぐらせた中門を入ると、入母屋《いりもや》造り瓦葺きの本堂があり、その前庭にめざすシラハギが咲いている。

このシラハギは、仙台藩主の伊達政宗が株分けを所望した書状が現在も寺に残っている。シラハギの近くにある臥《が》竜梅《りゅうばい》は、後に仙台市から寄贈されたもので、春になると花を咲かせる。

大悲願寺を訪ねたら、観音堂正面の仁王門は忘れず見ておきたい。中央通路の天井を飾る草木図は旧平井村の絵師、森田五水が描いたもので、保存の度合いがいい。

仁王門の外側にはこの時期ヒガンバナが咲いている。

大悲願寺のヒガンバナ　9月21日

住 東京都あきる野市五日市町
交 JR五日市線武蔵増戸駅下車、徒歩20分。駐車場あり
☎ 042・596・0141
花暦 シラハギ・ケイトウ・ヒガンバナ

1万5000株といわれる洞昌院のハギは、同じ株で紅白の花が一緒に咲くものもある　9月18日

ハギ

長瀞町洞昌院《どうしょういん》

ハギの花に囲まれる気分になりたい。そんな願いを叶えてくれる寺がある。

荒川の上流、長瀞町には秋の七草寺があり、不動山洞昌院はハギの咲く寺として知られている。

洞昌院には、ミヤギノハギを筆頭にシラハギ、ソメワケハギ、ヤマハギ、ヤクシマハギなど21種、１万５０００株ものハギが咲き、スケールが大きいことでは埼玉一の折紙つきである。

下車駅の秩父鉄道野上《のがみ》駅から歩くと25分ほどかかる洞昌院は、不動明王を祀る本堂から上部の墓地にかけて、ハギの花に埋めつくされている。花の盛りは9月10日から20日の間、観光バスのやってくるタイミングを外すと落ち着いた花見ができる。

車利用の花見なら、この季節、キキョウの多宝寺（Ｐ１２２）、オミナエシの真性寺（Ｐ１３２）も一緒に詣でたい。

ハギの花に囲まれた洞昌院本堂

住 埼玉県長瀞町上下郷
交 秩父鉄道野上駅下車、徒歩25分。駐車場あり
☎ 0494・66・2503
花暦 ヤマハギ・ミヤギノハギ・ヒガンバナ

シュウカイドウ

五日市広徳寺

　秋海棠《しゅうかいどう》と漢字をあてれば、秋に咲くカイドウのことかと思うだろうが、似ているのは花の色だけ、春に咲くカイドウはサクラと同じバラ科、シュウカイドウはベゴニアの仲間で似ても似つかない。

　シュウカイドウは雌雄同株《しゅうどうしゅ》で、写真を見てもわかるように、雄花は球状の雄蘂《ゆうずい》がはっきりわかるのに雌花は花の背後に3筋の子房を備えている。

　シュウカイドウは9月のはじめには咲きはじめ、10月上旬まで咲きつづけるが、花の盛りは9月下旬。この季節だとカクトラノオやコスモスのほかホトトギスもぽつぽつ咲きはじめる。

　山門奥のイチョウが黄色く色づくことで知られる広徳寺は、東京近辺では珍しいモリアオガエルが産卵にやってくることでも知られている。

　広徳寺を訪ねるには車が便利だが、五日市駅から歩いても30分、ぜひとも行ってみたい寺である。

どっしりした二層の山門をくぐると山側にシュウカイドウの大群落がある

シュウカイドウの雌花（上）と雄花（下）

住 東京都あきる野市小和田
交 JR五日市線五日市駅下車、徒歩30分。駐車場あり
☎ 042・596・0021
花暦 ソメイヨシノ・ウラシマソウ・ヤマユリ・紅葉

「武蔵野大野草園」に咲くオミナエシとフジバカマ　10月14日

オミナエシ

滑川町武蔵野丘陵森林公園

明治百年の記念事業の一環として開園した国営武蔵野丘陵森林公園は、園内にバスが走る(片道120円)ほど広い。

四季を通じて花が楽しめる武蔵野丘陵森林公園は、とくに秋の七草に力を入れており、オミナエシ、キキョウ、フジバカマ、カワラナデシコはまとまって咲く。七草ではないが、ミソハギの群落も見事で、これらの野草をまとめて見たいと思ったら、7月下旬から8月上旬がおすすめの季節、レンタサイクル(3時間410円)も利用できる。

「暑い盛りはどうも…」というのなら9月に季節を変えるとオミナエシのほかにもワレモコウやハギが咲き、ツワギキョウ、ユウガギクの花も見られるはずだ。

秋の七草に関心があるのなら、中央口に近い「武蔵野の大野草園」をめざすといい。

逆光に光るススキの穂。小さな花が咲くのは9月中

住 埼玉県滑川町山田
交 東武東上線森林公園駅からバス7分、公園南口下車、徒歩1分。駐車場あり
時 9時30分～17時(季節によって閉園時間が変わる)
料 400円
休 年末年始と2月第3・4月曜
☎ 0493・57・2111
花暦 カモミール・秋の七草

1 2 3 4 5 6 7 8 9 10 11 12

いかにも秩父らしさを感じる真性寺に咲くオミナエシ。花の見頃は9月中旬　9月18日

境内のお地蔵様とオミナエシの花　9月18日

オミナエシ

長瀞町真性《しんしょう》寺

女郎花と書いてオミナエシ。地方によってはオメナメシといい、秋の七草に数えられている。

かつてはどこにでも見かけた野草だが、今では絶滅が心配される品種、わざわざ見に行かないとお目にかかれない。

黄色い散房《さんぼう》状の花をたくさんつけるオミナエシに対して白い花が咲くのはオトコエシ。オミナエシがどことなくソフトな感じの植物なのに、オトコエシは全体に毛深く、男性に見たてて男郎花の字をあてることもある。

オミナエシが咲くのは長瀞町の真性寺。この寺は野寺といった言葉がぴったりする雰囲気を持っており、花が盛りを迎える9月上旬から中旬にかけて、七草めぐりの人が姿を見せる。真性寺へ行くには秩父鉄道野上《のがみ》駅下車が便利。歩いても10分程度で、わざわざ車を使う必要はない。

住 埼玉県長瀞町本野上
交 秩父鉄道野上駅下車、徒歩12分。駐車場あり
☎ 0494・66・0584
花暦 オトコナエシ・オミナエシ・ヒガンバナ・コスモス

昭和記念公園こもれびの丘に咲くコスモス。丘全体がコスモスの花で埋まっている　10月28日

コスモス

昭和記念公園

青空がよく似合うコスモスは「広がりのある原っぱで見たい」という要望に応えて紹介するのが昭和記念公園。

昭和天皇在位50周年を記念して開園した昭和記念公園は、日比谷公園の11倍もの広さがある国営公園。コスモスが咲いているのは主に「みんなの原っぱ」と「こもれびの丘」。もっとも早咲きのキバナコスモスは野外炊飯広場南側のお花畑に咲く。

みんなの原っぱ南西側に咲くイエローガーデンとオレンジキャンパスは、昭和記念公園が先駆けとなって咲かせた新品種。今でこそ全国に広まったが、元はといえば玉川大学農学部との共同作業の賜物《たまもの》といっていい。

公園内は自由に散策できるように遊歩道が整備されているが、パークトレイン、レンタサイクルも用意されている。

イエローキャンパスとオレンジキャンパス　10月11日

住 東京都立川市緑町・昭島市郷地町
交 JR青梅線西立川駅北口下車、徒歩2分。駐車場あり
時 9時30分～17時（11月～2月は16時30分まで）
料 400円　休 年末年始
☎ 042・528・1751
花暦 ヒガンバナ・キキョウ・ホトトギス・サザンカ

色とりどりのコスモスの花が咲く宮沢湖畔。山沢和子　10月8日

コスモス

飯能市宮沢湖

秋桜と書いてコスモス。読んで字のごとく秋を象徴する花で、風に揺れるコスモスを求めて宮沢湖へ出かけよう。

飯能市と日高市の境にある宮沢湖は、湖畔に「なかよし動物園」「ピクニック広場」など、家族連れが楽しめる施設が整っている。

コスモスが咲くのは主に堰《えん》堤《てい》の土手で、花の見頃は10月中旬以降になる。

ヘラブナの釣り場として知られる宮沢湖は、ボートを浮かべ釣り糸を垂らす人がたくさんいる。

コスモスの花は元々、種をまいてから3ケ月ほどで開花するのが常識だった。ところが最近では品種改良が進んで、イエローガーデンのように、4月にまこうが7月にまこうが、10月に開花する品種が出まわるようになった。

近寄って見ると吸いこまれそうな美しさのコスモス

住 埼玉県飯能市宮沢
交 西武池袋線飯能駅から高麗川行きバス8分、宮沢湖下車、徒歩8分。駐車場あり
時 10時〜17時
休 水・木曜（8月は無休）
☎ レイクサイドパーク宮沢湖 0429・73・1313
花暦 カンツバキ・ウメ・アジサイ・コスモス

東京近郊ではめったに見られないソバ畑。清水卯平　10月2日

ソバ

三芳町・船津家

「そばは大好物だけれど、どんな花が咲くのか知らない」という人が手軽に訪ねられるのが三富《さんとめ》新田。武蔵野の面影を色濃く残す雑木林を散歩しながら、清楚な花を確かめてみよう。

所沢市から三芳町にかけて広がる三富新田は、知恵伊豆と呼ばれた川越藩主が、江戸時代にひそかに計画した新田地域。生活に必要な雑木林と短冊型の耕地は今もしっかり受け継がれており、その一角にソバ畑がある。

ソバ畑の目標になる船津家長屋門は、ここが尾張藩の鷹場だった証《あかし》で、当時の境界を示す石杭が残っている。

船津家長屋門へ行くには、東武東上線の鶴瀬駅前からライフバスに乗るが、駐車場もあるので車利用がおすすめ。すぐ近くには、挽きたて、打ちたて、茹でたての三原則をきちんと守る「みよしそばの里」がある。

船津家長屋門のソバは秋ソバ。清水卯平

住 埼玉県三芳町北永井
交 東武東上線鶴瀬駅から⑦乗り場ライフバス約20分、宮前下車、徒歩2分。駐車場あり
☎ 三芳町産業振興課 049・258・0019
花暦 コギク

ススキ

長瀞町道光寺

かつての武蔵野は一面の草原でススキに覆われていた。その面影を求めて、パンパスグラス咲く道光寺を訪ねる。手軽にススキを見るのなら多摩川、入間川、荒川などの河川敷に行けばいいのだが、これら河川敷は台風の影響をもろに受け、期待外れになることが多い。

ここで紹介する道光寺のススキは、アルゼンチンのパンパスグラスをはじめ、葉に矢羽形の斑があるタカノハススキやトキワススキなど40種を越える。

一般的にススキの花と思っている花穂は、実のことをいうと花が咲いた後の残骸。ススキの花は花穂が顔を出すと間もなく、ごく小さな黄色い葯《やく》＝雄しべの一部分＝を垂らし、風に揺られながら花粉をまき散らす。

道光寺のススキの中でもっとも目立った存在なのがアルゼンチン原産のパンパスグラス　9月18日

住 埼玉県長瀞町岩田
交 秩父鉄道樋口駅下車、徒歩15分。駐車場あり
☎ 0494・66・2626
花暦 イトススキ・タカノハススキ・シマススキ

全国から集められたススキは40種を越える

キクの代表的な品種、大きなキクを屋外にレイアウトした新宿御苑ならではの展示　11月8日

キク

新宿御苑

みちのくへ旅するとキクは見るのではなく食べる花だが、ここ武蔵野では観賞の花。

新宿御苑の菊花壇が公開されるのは11月1日から15日(16・17日が週末の場合は17日)までの間に限られている。

新宿御苑の菊花壇は、日本庭園の各所に分散しており、入園するときにパンフレットをもらうと迷わずにすむ。

配色を考えた懸崖作りのコギク　11月8日

菊花壇は、懸崖作りのほかに一文字菊・管物《かんもの》菊花壇、江戸菊花壇、大作り花壇、肥後菊花壇といったように、品種や飾付けの違いによって場所が分かれている。

新宿御苑ならではの菊花壇は、覆いのまったくない芝生にレイアウトされたキクが見られること。その見事さは見た人でないと理解できまい。

どうせ出かけるのなら、晴れていて暖かい日を選び、ゆっくりと時間をかけたい。

住 東京都新宿区内藤町
交 地下鉄丸の内線新宿御苑前下車、徒歩3分または新宿駅南口から徒歩15分。駐車場あり
時 9時～16時30分
料 200円
休 月曜・年末年始
☎ 03・3350・0151
花暦 バラ・キク・紅葉

キク

湯島天神社

湯島天神といえばウメと相場は決まっていそうなものだが、11月1日から始まる「湯島天神菊まつり」は東京を代表する秋の風物詩である。

菊まつりが始まると、さして広くない湯島天神の境内はキクと人の波でいっぱいになる。湯島天神のキクは、渡り廊下を生かした懸崖作りが目を引くが、1本の株に1年がかりで枝数を増やし、いかに多くの花を咲かせるかを競う大作りに、ついつい目を奪われてしまう。

湯島天神を訪ねたら、不忍《しのばずの》池《いけ》の近くに平成14年秋にオープンしたばかりの旧岩崎邸庭園（入園料150円）に立ち寄ると、ちょうどいい散歩コースになる。

冬至芽を一年がかりで分枝させ、半円を描くように育てるキクの大作り。明治時代からの伝統技である　11月2日

住 東京都文京区湯島
交 地下鉄千代田線湯島駅下車、徒歩5分。駐車場あり
時 6時〜20時
☎ 03・3836・0753
花暦 ウメ・キク

樹齢100年に近いウメの老木　2月4日

毎年10月15日から11月15日まで開催される浅草寺菊花展　11月13日

キク

浅草寺

11月の浅草といえば、熊手で金運を掻きこむ鷲《おおとり》神社の酉《とり》の市を連想するが、10月15日から始まる菊花展も忘れては困る。

菊花展が開かれるのは浅草《せんそう》寺《じ》境内の二天門寄り。ここは浅《あさ》草《くさ》神社の境内といってもいい。

都内ではもっとも早く開かれる菊花展はいかにも浅草らしく、「かみさんを質に置いても初鰹」という江戸っ子の心意気を感じる。

菊花展に出品されるキクはすべて会員の作品。懸崖作り、盆養《ぼんよう》、盆庭、大作りなど、どの作品を見ても、キクの栽培に賭ける情熱が伝わってくる。

せっかく浅草を訪ねたのなら、道草はいくらでもできる。浅草ならではの食事処なら、並木薮か大黒屋の日本そば、飯田屋のどぜう鍋、浅草今半か米久のすき焼き、天ぷらの天藤が推薦の店。店の所在を確かめてでも食してみたい。

浅草寺の総門でもある雷門は浅草のシンボル

住 東京都台東区浅草
交 地下鉄銀座線、浅草線浅草駅下車、徒歩5分
☎ 浅草観光連盟 03・3844・1221
花暦 サクラ・ツツジ・キク

11月1日から22日まで行なわれる川越菊まつり。即売店が大いに賑わう　11月1日

キク

川越市喜多院

小江戸と呼ばれる川越は散歩の似合う町。「菊まつり」に合わせて喜多院から蔵づくり一番街へそぞろ歩きしたい。

喜多院の菊まつり会場は山門を入ってすぐの境内広場、春はサクラが咲く場所になる。キクの展示は「大菊」が中心で、会場を取り囲むように出店する即売所のほうが人気がある。

喜多院へ来たら、五百羅漢はパスして通れない。江戸城の紅葉山《もみじやま》を模した奥庭や徳川家光誕生の間などが拝観できる共通拝観料を払ってでも見る価値はある。

喜多院は日光東照宮へ安置する家康の遺骸を4日間も法要したことでも有名な寺。ゆっくり時間をかけて歩きまわりたい。喜多院から「時の鐘」のある一番街へは歩いて15分ほど、路面に記した案内杭を頼りに歩けばいい。

50年以上の歳月を費やした五百羅漢

住 埼玉県川越市小仙波町
交 西武新宿線本川越駅下車、徒歩15分またはJR、東武東上線川越駅から徒歩25分
時 8時50分〜16時30分
料 400円（奥庭・五百羅漢共通拝観料）
☎ 049・222・0859

遠近法を巧みに取り入れた明治神宮外苑のイチョウ並木　11月21日

紅葉

明治神宮外苑

神宮外苑のイチョウ並木が黄色に色づく頃になると、ベンチに憩う人の表情に安らぎが戻る。都会の中のオアシスを求めて出かけてみたい。

青山通りから聖徳記念絵画館に向けてのイチョウ並木は306m、148本のイチョウが植わっている。この並木には遠近法が取り入れられ、樹の高さを調整している。

ベンチに腰かけ、のんびり散歩したい　11月26日

イチョウが黄色くなるのは11月下旬。落葉が歩道を埋めつくす情景を求めるのであったら、12月のはじめになってからでも間に合う。

紅葉の季節になるとキャンバスを立てる日曜画家が必ずいるもの。大勢の散歩客を目の前にするだけあって、かなりの腕前、立ち止まるにわかギャラリーもこれまた多い。

聖徳記念絵画館からはJR信濃町駅が最寄りの駅となるが、国立競技場のわきを通って千駄ケ谷駅まで歩くと、ちょっと散歩した気分になる。

住 東京都港区北青山
交 地下鉄銀座線、半蔵門線、青山一丁目駅下車、徒歩3分またはJR信濃町駅から徒歩10分。駐車場あり
☎ 03・3401・0312

紅葉

国立市谷保天満宮

谷保天神をもじって野暮天《やぼてん》。親しみをこめて呼ばれる谷保天満宮は、隠れた紅葉の名所。ウメではなく、紅葉の時期に訪ねてみたい。

ご神体の菅原道真木像がいかにも素人っぽい造りであることから、野暮天というありがたくない呼び名がついたが、湯島、亀戸と並んで「関東三大天神」のひとつに数えられ、社の創建は三社のうちでもっとも古い。

甲州街道から入ってすぐの紅葉樹はカエデで、透き通るように色づくのは11月末から12月はじめの頃。訪れる人も少なく、静かな雰囲気のなかで「紅葉狩り」ができる。

赤く染まるカエデは木の丈が高く、こもれ陽を通して紅葉を楽しむ　12月8日

常盤の清水のわきから外に出たら、城山公園を経て南養寺をめざそう。

ヤクルト研究所の建物前を流れる小川は、ママ下湧水や矢川緑地を水源にする湧き水で、驚くほど澄んだ水が流れている。

小魚を追うシラサギを発見すると「ここが東京か」と思うような光景で、わざわざ出かけてきた価値がある。

天神様にはつきものの牛像がある谷保天満宮

住 東京都国立市谷保
交 JR南武線谷保駅下車、徒歩3分。駐車場あり
☎ 042·576·5123
花暦 ウメ・紅葉

玉堂美術館対岸の御岳渓谷からの紅葉　11月15日

紅葉

御岳渓谷

紅葉よし、清流よし、グルメよしと三拍子揃った御岳《みたけ》渓谷の1時間ウオーク。

JR青梅線の御嶽《みたけ》駅からひと駅下流の沢井駅までを歩く。紅葉がすばらしいのは玉堂《ぎょくどう》美術館周辺に集中しており、紅葉だけを楽しむのなら、御嶽駅、御岳橋、玉堂美術館、御岳小橋、御嶽駅を一巡すればいいわけだが、それでは御岳渓谷を訪ねる意味はない。

玉堂美術館内のイチョウが色づくのは11月下旬。この時期だと対岸のカエデがちょうど紅葉しており、まずはこの一角でゆっくりした時間を過ごしたい。

沢井駅へは、多摩川左岸の遊歩道を1時間かけてゆっくり歩く。散歩のゴールは楓橋たもとの澤乃井園。ここには地酒「澤乃井」が試飲できる利き酒処（有料）もあれば、湧き水を使った豆腐料理が食べられる「まゝごと屋」もあり、酒蔵見学もできる。

御岳橋の上から御岳渓谷の流れと紅葉を俯瞰

住 東京都青梅市沢井・柚木
交 JR青梅線御嶽駅下車、徒歩5分。駐車場あり
☎ 御岳インフォメーションセンター 0428・78・8836
花暦 コブシ・サクラ

ケーブルカー利用で、標高599mの高尾山頂には比較的簡単に立つことができる　11月15日

紅葉を縫うように上下するケーブルカー

紅葉

高尾山

高度差があるから紅葉する期間も長く、山頂まで登れば新雪を冠した富士山がいい思い出になる。

高尾山の紅葉は、標高599mの山頂がもっとも早く、11月上旬に色づき始める。ケーブルが発着する清滝駅のイロハモミジが真っ赤になるのは11月20日前後。年によって違うが、11月中旬に照準を定めると、どこかで紅葉と出合える。

高尾山の紅葉は、山頂広場、飯縄権現堂周辺、薬王院、ケーブルカー沿線、清滝駅周辺とあり、スポットにこと欠かない。

山好きの人たちにおすすめしたいのは高尾山から小仏峠を越えて景信《かげのぶ》山への縦走。新雪に輝く富士山を眺望しながらの約2時間30分は、心地いい汗をかくハイキングになる。

住 東京都八王子市高尾町
交 京王線高尾山口駅からケーブルカー2分。山頂へは徒歩45分。駐車場あり
☎ 高尾登山電鉄
0426・61・4151
高尾ビジターセンター
0426・64・7872
花暦 サクラ・ヤマユリ・紅葉

平林寺山門と仏殿の中間に植えられたシダレ系カエデの紅葉　11月21日

紅葉

新座市平林寺

野火止の平林寺と聞いただけで江戸時代にタイムスリップした気分になる。

臨済宗妙心寺派の別格本山である平林寺は、今でも禅修業の道場である。

総門を一歩入ると、山門、仏殿、本堂が直線上に並ぶ典型的な禅寺様式にまず注目させられる。

平林寺の紅葉は、背後の雑木林を含めて随所に見られる。寺に入り、最初に目につくのは山門から鐘楼にかけて。隣接する経蔵《きょうぞう》から放生《ほうじょう》池の回りも無視できない。

庫裡《くり》に近い木小屋から横門へ通じる道はカエデと竹林の組み合わせがよく、カメラを構える人が多い。

放生池外側にある梅林から野火止塚のある雑木林も、ヤマザクラがよく紅葉した年には、驚くほどの鮮やかさで、捨てがたい魅力を持っている。

木小屋をバックにしたハギの花　9月9日

住 埼玉県新座市野火止
交 西武池袋線ひばりケ丘駅北口から志木駅行きバス約15分、平林寺下車、徒歩1分。駐車場あり
時 9時～16時
料 200円
休 拝観禁止期間あり
☎ 048・477・1234

樹高が10mもあるコミネカエデは樹齢500年といわれ、見事に紅葉する　11月19日

紅葉

秩父札所西善寺

秩父札所8番西善寺の紅葉をめでて、秩父夜まつりを見物するのがスペシャルプラン。秩父巡礼のベテランがそっと教えてくれた秘策である。

　幹回りが3mという西善寺のコミネカエデは、例年、11月下旬に紅葉の最盛期を迎える。この大樹の紅葉は、ひと月近くかかってじっくりと進む。12月に入ると、さすがに樹冠の部分は散ってしまうが、まだまだ大丈夫、12月3日の夜まつりになんとか間に合いそうだ。

　県の天然記念物になっているコミネカエデは、地上すれすれに垂らした枝葉が境内狭しと覆っている。

　大樹の根元は一面の苔で覆われ、散った葉とのコントラストがすばらしい。チリひとつない庭を拝観すれば、大樹を大切にする住職の心が伝わってくる。

初冬の陽指しを浴びるお地蔵様

住 埼玉県横瀬町古谷
交 西武秩父線横瀬駅下車、徒歩30分。駐車場あり
時 9時～16時
料 200円(紅葉期間のみ)
※三脚使用禁止
☎ 0494・23・3413
花暦 ユキヤナギ・ツツジ・テッポウユリ・紅葉

亀戸中央公園はサザンカを積極的に栽培していて、11月下旬から2月いっぱい花が楽しめる　11月21日

サザンカ

亀戸中央公園

亀戸中央公園に咲くサザンカの原種

花弁が散るのがサザンカ、雄しべを含め花そのものが落下するのがツバキと教わった。

初冬に咲くサザンカをメインに咲かす亀戸中央公園は、旧中川に接した総合公園で、スポーツゾーン、芝生と丘ゾーン、中央広場ゾーンの3地区に分かれている。

サザンカは各ゾーンに咲いているが、とくに目立つのはスポーツゾーンのテニスコート付近。ここには園芸種の富士の峯、鎌倉絞り、立寒椿、乙女椿など代表的な品種がまとまって咲く。純白の花を咲かせる原種があるのは、芝生と丘ゾーンのトイレ近く。サザンカとしては大きく、花をつけている季節なら、遠くから見てすぐにわかる。

サザンカは、同じ仲間のツバキと交配して数多くの園芸種を生み、春が花期のハルサザンカまである。したがってこの公園のサザンカは3月までと花期が長いのが特色である。

住 東京都江東区亀戸
交 東武亀戸線亀戸水神駅下車、徒歩3分またはJR総武線亀戸駅から徒歩12分。Pメーターあり
☎ 03･3636･2558
花暦 サクラ･アンズ

樹齢は少なくとも120年、先代夫人が嫁入りの際植えた、おめでたいサザンカ。品種は富士の峯　11月27日

サザンカ

保谷・下田家

「さざんか　さざんか　さいたみち　たき火だ　たき火だ　おちばたき」。

　サザンカの花を見るたびに思い出す風景がなつかしい。

　今でこそ高層マンションが建つひばりが丘だが、視角をちょっとずらせば、屋敷林に囲まれた農家があったりして、武蔵野の雰囲気が残っている。

花は霜にやられると黄色く変色してしまう

サザンカが咲き、夕焼けの富士山がシルエットになる冬は、武蔵野らしさが甦《よみがえ》る最高の季節でもある。

　ひばりケ駅の南口から田無へ向かうバス通りを進み、社会調査研究所の信号を左折すると開通していない「保谷秋津線」に入る。歩道のある立派な道を3分も歩くと左手にあるのが下田家。塀をはみ出すようにサザンカが咲いている。品種は「富士の峯」、樹齢は少なくとも１２０年、紅白で植えた一対の白だと教えてもらった。

住 東京都西東京市住吉町
交 西武池袋線ひばりケ丘駅南口下車、徒歩8分
花暦 ツツジ・サザンカ

使用カメラ機材（あとがきにかえて）

本書を手にしたのが刺激になり、「ちょっと本気になって花の写真を…」と思う人たちに、あとがきを兼ねたアドバイスを発信してみたい。

カメラ………………被写体によって4×5インチの大型カメラから35mm一眼レフまで使い分けてはいるが、メインカメラはキヤノンEOS-7。元々はEOS-1Nのスペアーカメラだったはずなのに、使ってみると扱いやすく、いつの間にか主役になっていた。

レンズ………………重宝したのがシグマ28〜135mm F3.8〜F5.6マクロ付きとキヤノンEF35〜350mm F3.5〜F5.6の2本。とくにシグマ28〜135mmは、広角から望遠まで1本でほとんどカバーできるのが使いやすく、しかもシャープな画像が得られるのが気に入った。しかもこのレンズ135mmの部分に1／2マクロ機能が付いており、ズームレンズでありながら、マクロレンズとして花の接写ができ、とても重宝している。

マクロレンズ……花の写真である限りマクロレンズは必携のレンズ。シグマ105mm F2.8とシグマ180mm F3.5の2本を多用した。

シグマ105mmはテレコンバーターを使用しなくとも等倍撮影ができ、しかも最少絞りが45あることが使いやすい理由でもある。元々被写体深度の浅いマクロレンズはF8とかF11に絞った程度ではピントを結ぶ範囲がごく限られるので、F22やF32といった絞りがどうしても必要になる。

このレンズは、105mmという焦点距離があるため、自分の影が花を覆ってしまうことがほとんどない点も使いやすい理由にあげられる。

Katakuri

もう1本のシグマ180mmは、柵があってこれ以上近づけないときなどに威力を発揮してくれた。

花の撮影は、咲きはじめで色が濃く、勢いのいい一輪を見つけることから始まる。理想的な花は手元近くにあるとは限らず、そういうときに180mmという焦点距離が威力を発揮する。筆者はこの180mmに1.4倍のテレコンバーターをときによって装着するので、実際には250mmの焦点距離を持つのと同じことになる。

フィルム…………メインは富士プロビアF100、ときによって富士ベルビア（ISO50）を使用している。

プロビアF100の長所は発色が自然色にもっとも近いことで、＋1程度の増感現像が容易な点も使いやすさの秘密かもしれない。

ベルビアは赤色とか緑色を強調したいときに使うと思わぬ効果を上げてくれる。

Sazanka

和光市
川口市
足立区
水元公園
P108
板橋区
北区浮間公園
P67
旧古河庭園 P102
染井霊園 P50
北区
練馬区
東武東上線
常磐線
東北新幹線
光が丘公園
P66
牧野記念庭園
P22
豊島区
西武池袋線
にっぽり
荒川区
葛飾区
市川市
じゅん菜池緑地
P105
上野公園 P36
上野東照宮ぼたん苑 P6
六義園 P38
石神井禅定院 P29
目白薬王院
P97
向島百花園 P127
中野区
文京区
台東区
石神井公園 P11
山手線
隅田公園 P49
白山神社
P112
根津神社 P86
墨田区
三宝寺 P36
西武新宿線
浅草寺 P139
新宿区
湯島天神社 P138
小石川後楽園 P37
中央線
しんじゅく
新宿御苑 P47
P137
皇居北の丸公園 P69
千鳥ヶ淵 P46
亀戸中央公園 P147
とうきょう
中央自動車道
渋谷区
千代田区
中央区
亀戸天満宮 P91
皇居東御苑 P85
江東区
荒川
明治神宮外苑
P141
しぶや
京王線
築地本願寺 P124
羽根木公園
P12
浜離宮庭園 P63
小田急線
港区
日比谷公園
P73
明治神宮御苑
P107
目黒区
芝公園・増上寺 P34
多摩川
皇居桜田濠
P59
目黒不動尊
P98
しながわ
品川区
川崎市等覚院
P84
池上本門寺 P48
東海道本線
太田区
東海道新幹線
かわさき
川崎区
よこはま
横浜公園 P72

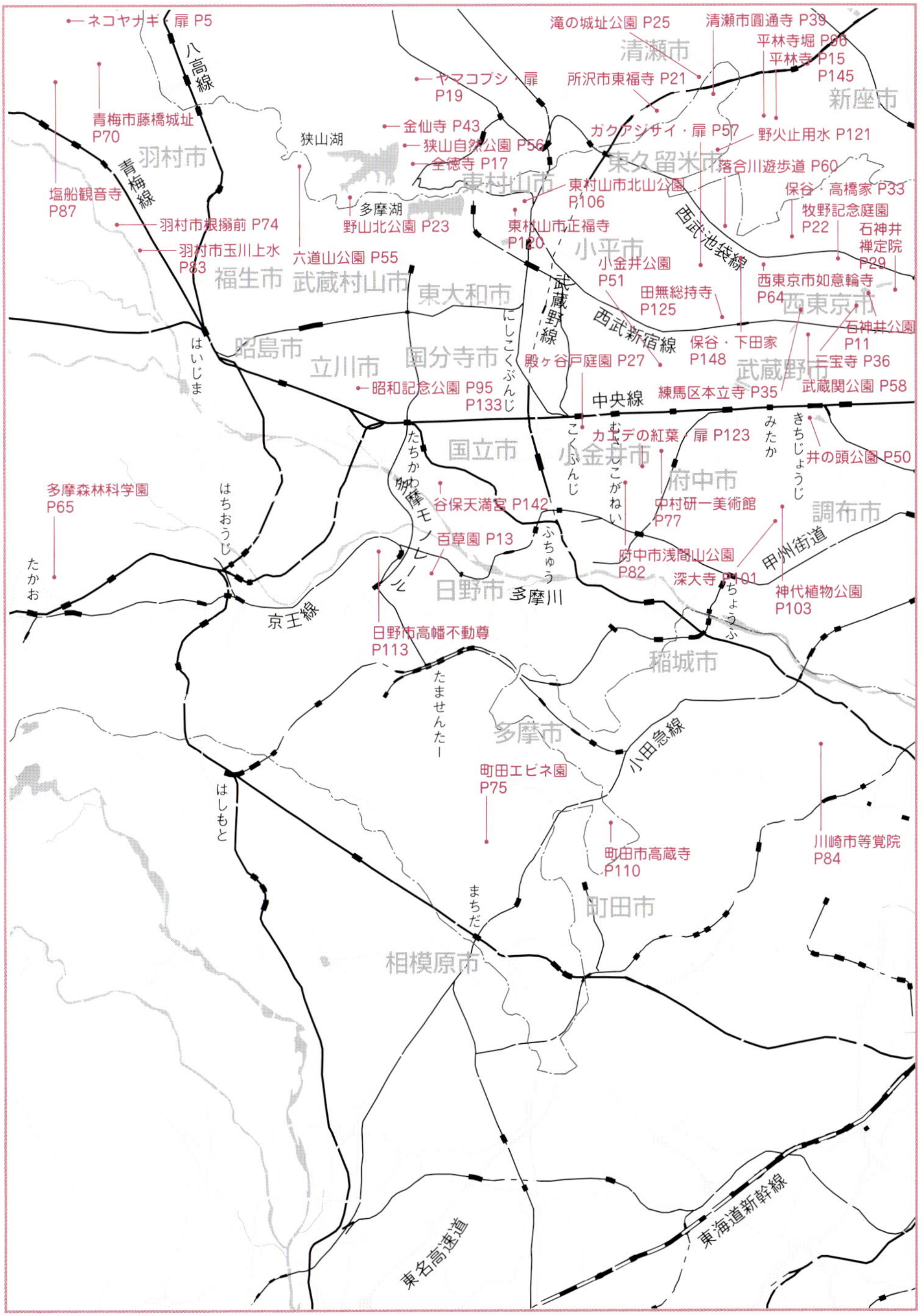
ネコヤナギ・扉 P5
八高線
青梅市藤橋城址
P70
塩船観音寺
P87
羽村市
青梅線
羽村市根搦前 P74
羽村市玉川上水
P83
狭山湖
ヤマコブシ・扉
P19
金仙寺 P43
狭山自然公園 P56
全徳寺 P17
多摩湖
野山北公園 P23
六道山公園 P55
福生市
武蔵村山市
東大和市
滝の城址公園 P25
清瀬市圓通寺 P39
清瀬市
平林寺堀 P96
平林寺 P15
P145
新座市
所沢市東福寺 P21
ガクアジサイ・扉 P57
野火止用水 P121
東久留米市
落合川遊歩道 P60
東村山市
東村山市北山公園
P106
保谷・高橋家 P33
牧野記念庭園
P22
東村山市正福寺
P120
小平市
石神井
禅定院
P29
西武池袋線
小金井公園
P51
田無総持寺
P125
西東京市如意輪寺
P64
西東京市
武蔵野線
西武新宿線
にしこくぶんじ
保谷・下田家
P148
石神井公園
P11
三宝寺 P36
昭島市
立川市
国分寺市
殿ヶ谷戸庭園 P27
武蔵野市
はいじま
昭和記念公園 P95
P133
練馬区本立寺 P35
武蔵関公園 P58
中央線
たちかわ
こくぶんじ
むさしこがねい
カエデの紅葉・扉 P123
みたか
きちじょうじ
国立市
小金井市
井の頭公園 P50
府中市
多摩森林科学園
P65
はちおうじ
多摩モノレール
谷保天満宮 P142
中村研一美術館
P77
調布市
百草園 P13
ふちゅう
府中市浅間山公園
P82
甲州街道
たかお
日野市
多摩川
深大寺 P101
ちょうふ
神代植物公園
P103
京王線
日野市高幡不動尊
P113
稲城市
たませんたー
多摩市
小田急線
町田エビネ園
P75
はしもと
川崎市等覚院
P84
町田市高蔵寺
P110
まちだ
町田市
相模原市
東名高速道
東海道新幹線

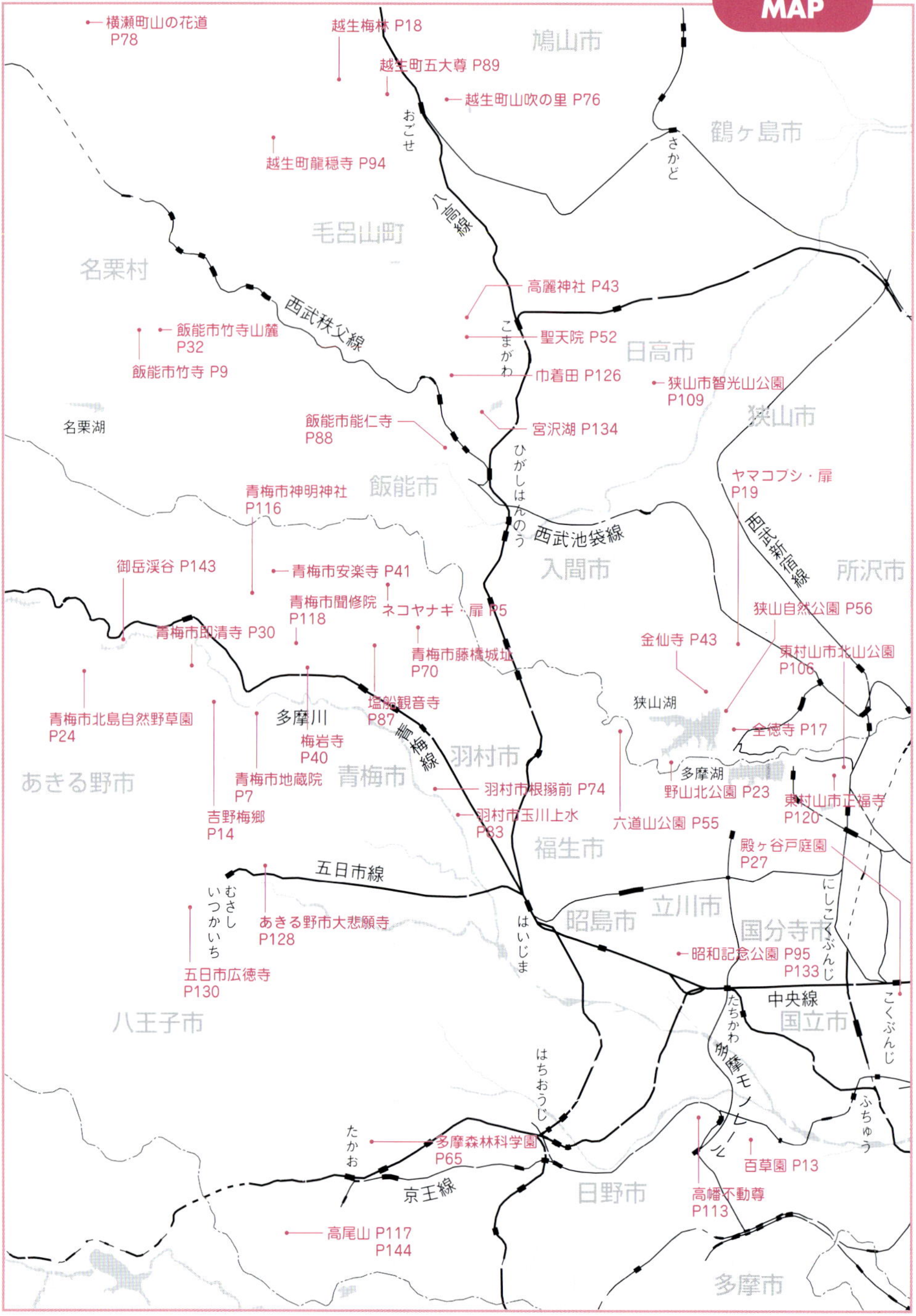
横瀬町山の花道
P78
越生梅林 P18
鳩山市
越生町五大尊 P89
越生町山吹の里 P76
おごせ
鶴ヶ島市
さかど
越生町龍穏寺 P94
八高線
毛呂山町
名栗村
高麗神社 P43
西武秩父線
飯能市竹寺山麓
P32
聖天院 P52
こまがわ
日高市
飯能市竹寺 P9
巾着田 P126
狭山市智光山公園
P109
名栗湖
飯能市能仁寺
P88
宮沢湖 P134
狭山市
ひがしはんのう
ヤマコブシ・扉
P19
飯能市
青梅市神明神社
P116
西武池袋線
西武新宿線
入間市
所沢市
御岳渓谷 P143
青梅市安楽寺 P41
青梅市聞修院
P118
ネコヤナギ・扉 P5
狭山自然公園 P56
青梅市即清寺 P30
金仙寺 P43
東村山市北山公園
P106
青梅市藤橋城址
P70
狭山湖
塩船観音寺
P87
青梅市北島自然野草園
P24
多摩川
全徳寺 P17
梅岩寺
P40
青梅線
羽村市
多摩湖
あきる野市
青梅市
野山北公園 P23
青梅市地蔵院
P7
羽村市根搦前 P74
東村山市正福寺
P120
羽村市玉川上水
P83
六道山公園 P55
吉野梅郷
P14
福生市
殿ヶ谷戸庭園
P27
五日市線
むさし
いつかいち
にしこくぶんじ
立川市
はいじま
昭島市
あきる野市大悲願寺
P128
国分寺市
昭和記念公園 P95
P133
五日市広徳寺
P130
中央線
たちかわ
国立市
八王子市
こくぶんじ
多摩モノレール
はちおうじ
ふちゅう
たかお
多摩森林科学園
P65
百草園 P13
京王線
日野市
高幡不動尊
P113
高尾山 P117
P144
多摩市

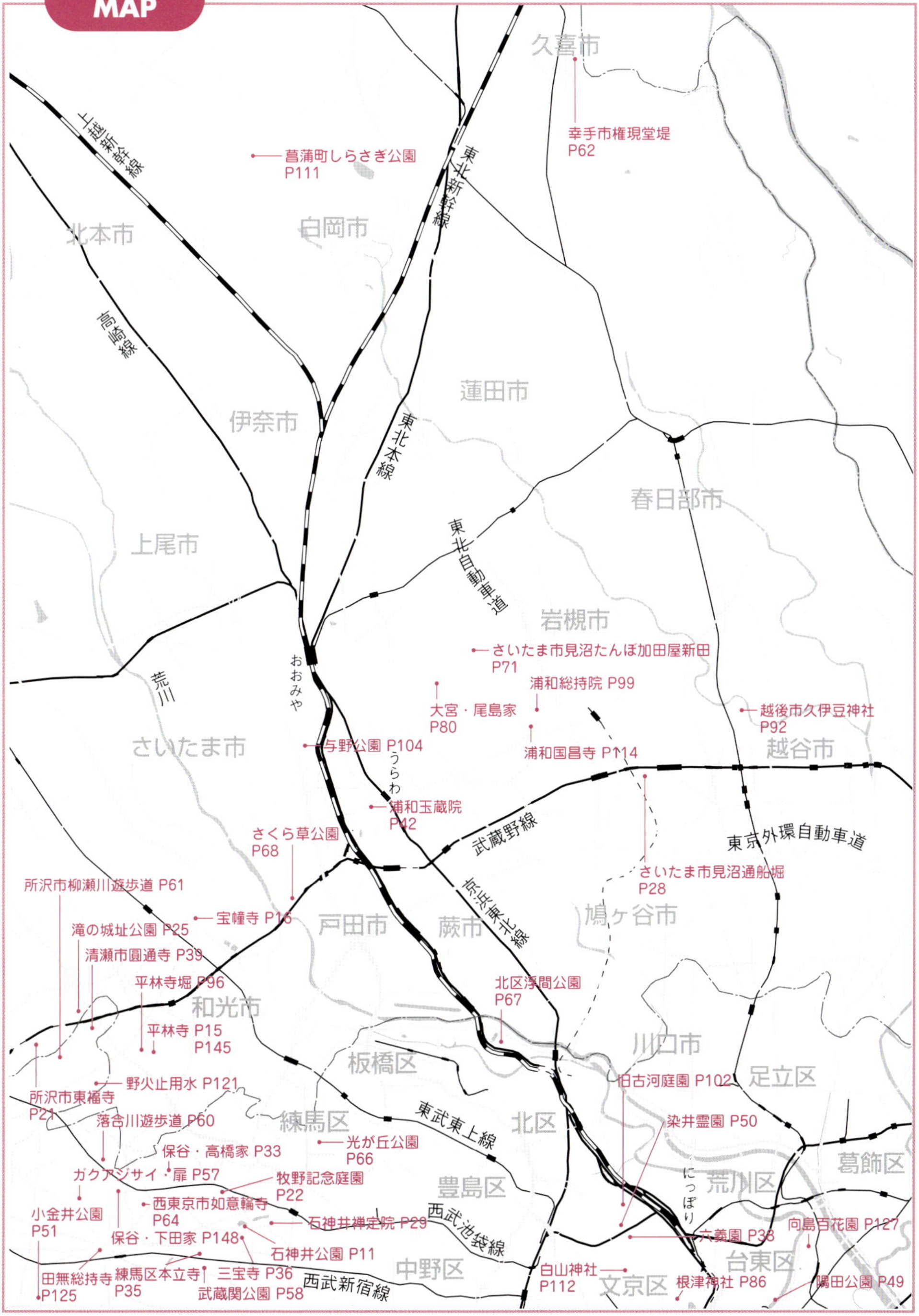

久喜市
幸手市権現堂堤
P62
上越新幹線
菖蒲町しらさぎ公園
P111
東北新幹線
北本市
白岡市
高崎線
蓮田市
伊奈市
東北本線
春日部市
東北自動車道
上尾市
岩槻市
さいたま市見沼たんぼ加田屋新田
P71
浦和総持院 P99
荒川
おおみや
大宮・尾島家
P80
越後市久伊豆神社
P92
さいたま市
与野公園 P104
浦和国昌寺 P114
越谷市
うらわ
浦和玉蔵院
P42
武蔵野線
東京外環自動車道
さくら草公園
P68
さいたま市見沼通船堀
P28
所沢市柳瀬川遊歩道 P61
京浜東北線
宝幢寺 P16
戸田市
蕨市
鳩ヶ谷市
滝の城址公園 P25
清瀬市圓通寺 P39
平林寺堀 P96
北区浮間公園
P67
和光市
平林寺 P15
P145
川口市
板橋区
野火止用水 P121
旧古河庭園 P102
足立区
所沢市東福寺
P21
落合川遊歩道 P60
練馬区
北区
染井霊園 P50
東武東上線
光が丘公園
P66
保谷・高橋家 P33
葛飾区
ガクアジサイ・扉 P57
牧野記念庭園
P22
にっぽり
豊島区
荒川区
西東京市如意輪寺
P64
小金井公園
P51
石神井禅定院 P29
西武池袋線
六義園 P38
向島百花園 P127
保谷・下田家 P148
石神井公園 P11
台東区
田無総持寺
P125
練馬区本立寺
P35
三宝寺 P36
武蔵関公園 P58
西武新宿線
中野区
白山神社
P112
文京区
根津神社 P86
隅田公園 P49

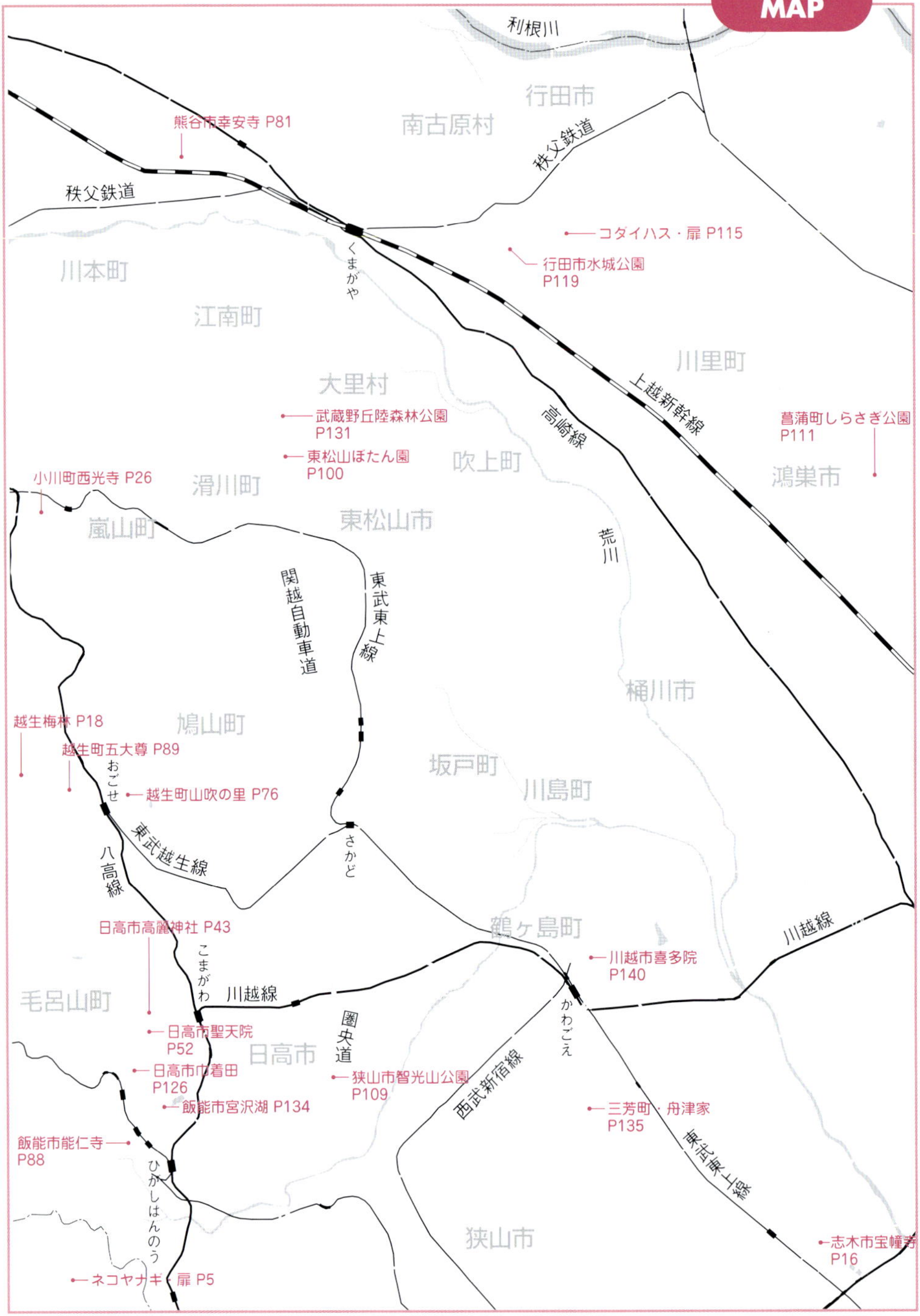
利根川
行田市
南古原村
秩父鉄道
熊谷市幸安寺 P81
秩父鉄道
くまがや
コダイハス・扉 P115
行田市水城公園
P119
川本町
江南町
川里町
上越新幹線
大里村
武蔵野丘陵森林公園
P131
高崎線
菖蒲町しらさぎ公園
P111
東松山ぼたん園
P100
吹上町
鴻巣市
小川町西光寺 P26
滑川町
嵐山町
東松山市
荒川
関越自動車道
東武東上線
桶川市
越生梅林 P18
鳩山町
越生町五大尊 P89
おごせ
坂戸町
越生町山吹の里 P76
川島町
東武越生線
さかど
八高線
日高市高麗神社 P43
鶴ヶ島町
川越線
こまがわ
川越市喜多院
P140
川越線
毛呂山町
圏央道
かわごえ
日高市聖天院
P52
日高市
日高市巾着田
P126
狭山市智光山公園
P109
西武新宿線
飯能市宮沢湖 P134
三芳町・舟津家
P135
飯能市能仁寺
P88
東武東上線
ひがしはんのう
狭山市
志木市宝幢寺
P16
ネコヤナギ・扉 P5

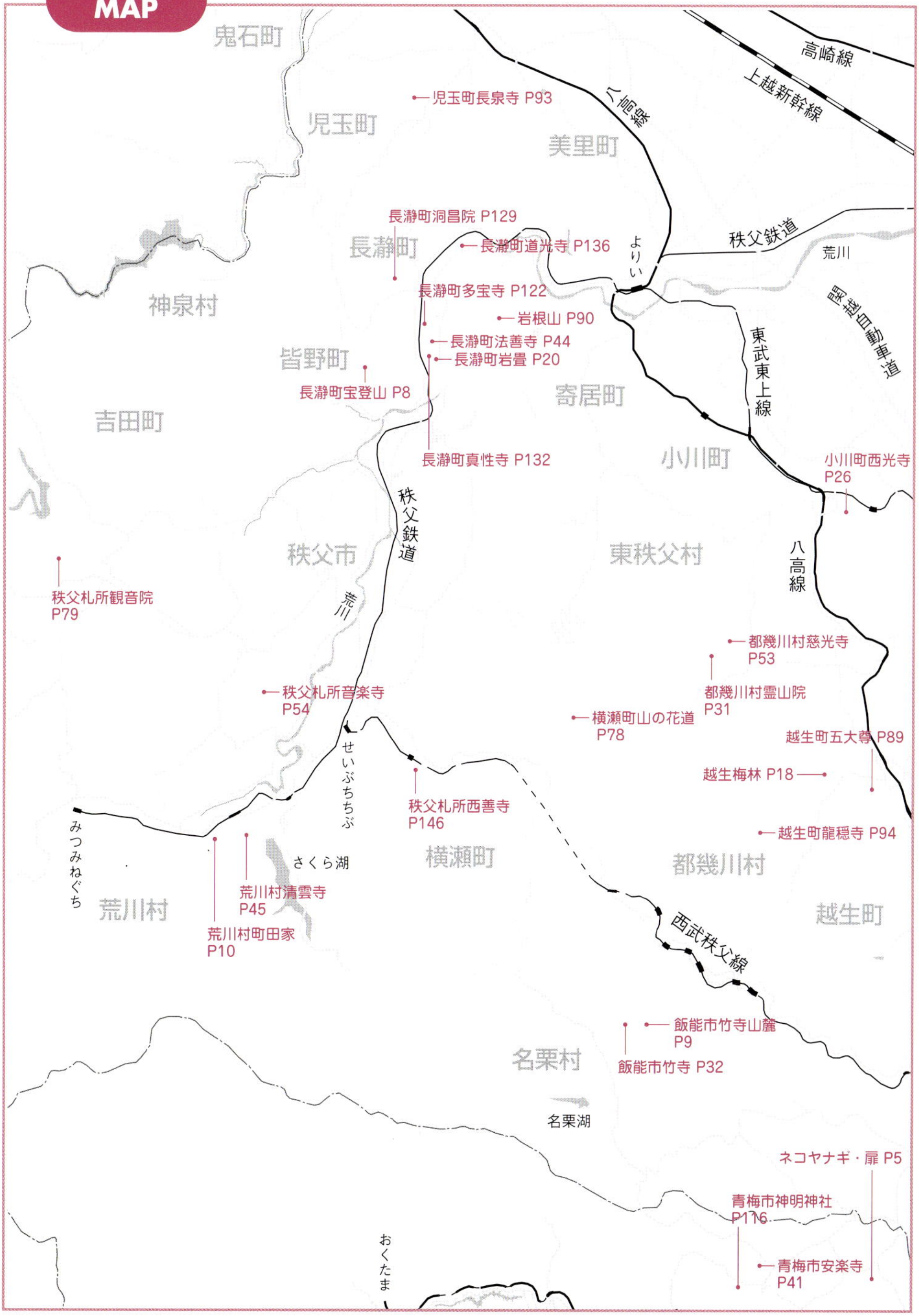
鬼石町
児玉町長泉寺 P93
児玉町
高崎線
上越新幹線
八高線
美里町
長瀞町洞昌院 P129
長瀞町
長瀞町道光寺 P136
よりい
秩父鉄道
荒川
関越自動車道
神泉村
長瀞町多宝寺 P122
岩根山 P90
長瀞町法善寺 P44
皆野町
長瀞町岩畳 P20
長瀞町宝登山 P8
寄居町
東武東上線
吉田町
長瀞町真性寺 P132
小川町
小川町西光寺
P26
秩父鉄道
秩父市
東秩父村
八高線
秩父札所観音院
P79
荒川
都幾川村慈光寺
P53
都幾川村霊山院
P31
秩父札所音楽寺
P54
横瀬町山の花道
P78
越生町五大尊 P89
せいぶちちぶ
越生梅林 P18
秩父札所西善寺
P146
みつみねぐち
越生町龍穏寺 P94
さくら湖
横瀬町
都幾川村
荒川村清雲寺
P45
荒川村
越生町
荒川村町田家
P10
西武秩父線
飯能市竹寺山麓
P9
名栗村
飯能市竹寺 P32
名栗湖
ネコヤナギ・扉 P5
青梅市神明神社
P116
おくたま
青梅市安楽寺
P41

【著者紹介】

山下喜一郎（やましたきいちろう）

１９３４年東京生まれ。慶応義塾大学卒業後、山と溪谷社に入社、『ハイカー』編集長を経て１９６２年、写真作家として独立、日本山岳写真集団の創立に参加した。その後、山岳写真、スキー写真、花の写真の分野で活動するとともに、アウトドアを中心にした執筆をつづけている。ガイドブック関係の著書にブルーガイド海外版『アラスカ』、Jガイド『温泉・宿ガイド東北』、『日本列島名水を楽しむ旅』、散歩シリーズ『花の東京散歩』、『花の神奈川散歩』、『花の埼玉散歩』などがある。日本写真家協会会員、日本山岳写真集団会員。

【写真協力＝山喜会】

栗田義一郎、高橋重麿、高橋俊郎、高橋いく、篠美智子、井上敬三、宿谷敏勝、山田直子、金子文子、山沢和子、阿部英一、酒井正博、堀川武久、徳田桂子、白鳥征喜、柳沢満義、松沢英晶、中林昌利、徳永　豊、清水卯平、金子壮一

【山喜会】

１９９０年４月、山下喜一郎氏を講師に迎え、旧保谷市柳沢公民館で開かれた写真講座「武蔵野を撮ろう」を受講した第１期生により創設された。日常の活動は、月１回、撮影会と講評会を交互に実施、さらに年１、２回の撮影研修会を地方でおこなっている。
山喜会の活動を集約するイベントとしては、各地で開催する写真展と写真集の発行があり、創立以来、写真展６回、写真集『武蔵野』、写真集『花の武蔵野』を刊行している。

武蔵野花名所

２００３年２月26日　第１刷発行

著者　山下喜一郎
デザイン　岡田恵子
発行者　清水定
発行所　株式会社 けやき出版
〒１９０-００２３
東京都立川市柴崎町３-９-６
ＴＥＬ　０４２-５２５-９９０９
ＦＡＸ　０４２-５２４-７７３６
http://www.keyaki-s.co.jp

製版・印刷　株式会社 メイテック

ISBN4-87751-184-9 C0026